T0022193

Clara Serra (Madrid, 1982) es investigadora, activista feminista y exdiputada de la Asamblea de Madrid. Actualmente trabaja en el Centro de Investigación Teoría, Género, Sexualidad de la Universidad de Barcelona (ADHUC). Fue responsable del Área de Igualdad de Podemos desde sus inicios hasta 2017. Es autora de *Leonas y zorras. Estrategias políticas feministas* y coordinadora de *Alianzas rebeldes. Un feminismo más allá de la identidad.*

El sentido de consentir

El consentimiento se ha convertido en un concepto clave en las relaciones sexuales. De entrada, parece claro y bien perimetrado. Pero ¿es realmente así? Este texto reflexiona sobre los matices, las fisuras y las paradojas que lo acompañan. ¿Se puede verbalizar el deseo sin ambigüedad alguna? La autora explora el camino recorrido entre el «no es no» y el «solo sí es sí» desde las perspectivas filosófica, histórica y política, y defiende no dejar de lado el primero en beneficio del segundo.

El sentido de consentir

Clara Serra
El sentido de consentir

editorial anagrama

Primera edición: *enero 2024*

Diseño de la colección: lookatcia.com

© Clara Serra, 2024

© EDITORIAL ANAGRAMA, S. A., 2024
   Pau Claris, 172
   08037 Barcelona

ISBN: 978-84-339-2205-2
Depósito legal: B. 17611-2023

Printed in Spain

Liberdúplex, S. L. U., ctra. BV 2249, km 7,4 - Polígono Torrentfondo
08791 Sant Llorenç d'Hortons

A Santiago Alba, por ser, además de un gran amigo, el mejor compañero intelectual para aprender a pensar con radicalidad y sin miedo

A Cristina Garaizabal y al resto de las hetairas, que defendieron siempre el valor del consentimiento de todas las mujeres y no solo de algunas

1. El problema del consentimiento

Mentado sin parar en tertulias e informativos televisivos, objeto de simplificación en redes sociales, tematizado en guías didácticas e invocado en discursos políticos, el consentimiento sexual es tratado hoy como una gran solución. Es más, pareciera como si en el terreno de la reflexión feminista sobre la sexualidad hubiéramos dado con *la* solución. Como si siempre hubiera estado ahí pero no la hubiéramos encontrado hasta hoy. Consentir parece haberse convertido hoy en una receta mágica para todos los problemas que se nos presentan en el terreno del sexo, una respuesta definitiva a todas las preguntas. En primer lugar, porque parece venir acompañado de una extrema transparencia y nitidez: «Cuando se trata de consentimiento, no hay límites difusos», reza el eslogan en la web de ONU Mujeres. Obvio, indudable, autoevidente, el consentir permite delimitar las cosas con extremada precisión. «Puede que las personas que usan estas expresiones entiendan el consentimiento como una idea vaga, pero la definición es muy clara [...], no hay líneas borrosas.»[1] Imbuidos de una especie de espíritu cartesiano, hemos encontrado en el consentimiento una idea clara y distinta. Y esperamos de él que sea no solo una herramienta para delimitar jurídicamente la violencia, sino también una exitosa manera de asegurar un buen sexo. Consentir, se dice, garantiza la comunicación sexual y la comprensión mutua, es decir, sirve para deshacer los malentendidos y los aspectos desagradables de un encuentro sexual. Como afirma Joseph J. Fischel: «El consentimiento entusiasta, del que podemos inferir deseo, no solo es el punto de partida para el placer sexual, sino que prácticamente lo garantiza».[2] Así pues, parece que

---

1. <https://www.unwomen.org/es/news/stories/2019/11/feature-consent-no-blurred-lines>.

2. Joseph J. Fischel, *Screw Consent. A Better Politics of Sexual Justice*, University of California Press, Oakland, 2019. (La traducción castellana de los textos citados es mía, salvo que se indique lo contrario.)

hemos dado con algo capaz de contener tanto una garantía frente a la agresión como la extraordinaria promesa de un sexo deseado, placentero y feliz. ¡Y todo ello encerrado, además, en una fórmula facilísima! Una muestra especialmente representativa de la gran confianza que hoy depositamos en el hecho de consentir la encontramos en el libro de Shaina Joy Machlus *La palabra más sexy es sí*, donde la autora afirma: «[...] el consentimiento es algo muy sencillo. Resulta fácil de entender y practicar y, aparte de evitar la violación, es un factor de empoderamiento y anima a disfrutar del sexo», «el consentimiento sexual es igual a sexo increíble».[1]

Esta carta de presentación con la que el consentimiento sexual ha tomado protagonismo en la actualidad caracteriza también el modo en el que se ha abierto paso en el debate público español. La reforma del consentimiento incorporada en la Ley Orgánica 10/2022, de 6 de septiembre, de Garantía Integral de la Libertad Sexual ha venido envuelta en una enorme polémica mediática, política y judicial.

---

1. Shaina Joy Machlus, *La palabra más sexy es sí. Una guía de consentimiento sexual*, Vergara, Barcelona, 2019. Traducción de Núria Curran.

Pero sus defensores lo han reducido todo a una disyuntiva clara y sencilla: habría quienes quieren que en nuestras leyes esté el consentimiento y habría quienes no quieren que esté. El consentimiento –supuestamente obvio, unívoco y claro– tendría como único obstáculo unos jueces machistas que se niegan a incorporarlo a la ley. Si la cosa es así de simple, parece obvio que la solución desde el punto de vista jurídico es facilísima: hacer que las leyes simplemente lo requieran en lugar de ignorarlo. ¿Podría acaso estar todo más claro?

La cuestión de fondo, sin embargo, es enteramente otra. Lo que todas estas apelaciones a la claridad obvian es que estamos ante un asunto de extrema complejidad. Las dificultades que implica legislar sobre esta materia tienen que ver con un problema político, es decir, remiten a algo prejurídico. Lejos de ser algo claro y distinto, algo evidente, algo que se comprende de modo inmediato y que todos entendemos igual, el consentimiento esconde en su interior una enorme ambigüedad y, al mirarlo de cerca, más que respuestas, nos plantea preguntas. «Parece una palabra simple, una noción transparente, una bella abstracción de la voluntad humana. Sin embargo, es oscura y espesa como la sombra y la carne de todo individuo singular.» Geneviève Fraisse escribe en 2007 *Del consentimiento* para enfrentarse, justamente, a esas dificultades que los discursos dominantes parecen decididos a obviar.[1] La gran aportación de su libro es que recorre las polisemias ocultas en un concepto inseparable de muchas de las batallas políticas y legales que las mujeres han librado para conquistar derechos. El consentimiento, ligado desde el derecho romano a la figura del contrato, ha sido central para pensar el matrimonio como un pacto mutuo, para defender el derecho al divorcio o para otorgar a las mujeres capacidad de negociación en cualquier actividad relativa al trabajo sexual. Pertenece en particular al lenguaje del contractualismo liberal y es una piedra angular del proyecto político moderno, construido bajo la premisa en la que a su vez se asienta el derecho: que los sujetos mayores de edad pactamos libremente ante los otros y ante el Estado. El consentimiento, dentro de la filosofía moderna, hace posible distinguir el imperio de un poder ilegítimo –que se impone

1. Geneviève Fraisse, *Del consentimiento*, Palinodia, Santiago de Chile, 2007. Traducción de L. Felipe Alarcón.

a través de la fuerza y la coacción– del orden social construido a través de relaciones civiles libres. De él depende nada más y nada menos que la diferencia entre la libertad y la sumisión. Sin embargo, el consentimiento encierra también un sentido antagónico. Como si tuviera dos caras, como si pudiéramos mirarlo del derecho y del revés, el consentimiento es en sí mismo contradictorio. En la tradición de un pensamiento político de izquierdas, la que ha puesto su atención en la existencia de relaciones de desigualdad y estructuras que dominan a los sujetos, la que ha criticado el carácter ficticio de la igualdad que presupone el derecho, consentir puede ser más bien *ceder* ante el poder fáctico del otro. La idea del consentimiento, por tanto, caracteriza dos situaciones muy diferentes: «[...] aquella de la relación de fuerza y de su salida impuesta (ceder antes que consentir), y aquella del contrato entre partes más o menos iguales (o consentimiento mutuo)».[1]

¿A qué nos referimos, por tanto, cuando hablamos hoy de consentir en el terreno de la sexualidad? ¿Se trata de pura libertad? ¿O de

1. *Ibid.*

una inevitable relación de fuerza? Mientras los discursos oficiales venden las innumerables ventajas del consentimiento sexual como algo unívocamente claro, en la conversación actual sigue latiendo de fondo esta doblez contradictoria y paradójica. Por una parte, nuestra sociedad defiende el consentimiento sexual desde una gran confianza en las posibilidades del lenguaje y del pacto explícito –es decir, del contractualismo– para despejar cualquier tipo de sombra que se cierna sobre el sexo. Pareciera como si, a través de una fórmula dada, siguiendo determinadas reglas y aplicando determinadas recetas, pudiéramos garantizar el encuentro sin fallas con los otros, un sexo armonioso y feliz. Según este relato optimista, establecer acuerdos claros en el terreno sexual es facilísimo. La paradoja radica en que, a la vez, la necesidad de nuevas legislaciones sobre el consentimiento se plantea como una respuesta de emergencia ante el carácter violento y agresivo de la sexualidad heterosexual. En otras palabras, hoy, cuando examinamos la cuestión sexual, la vemos como el escenario de una completa armonía o de una guerra total.

Convendría preguntarles a los defensores de las nuevas legislaciones sobre el consentimiento si no estaremos extendiendo en exceso la lógica del pacto explícito al campo de la sexualidad. Cuando nos planteamos si es posible que el consentimiento anteceda a todo gesto o acercamiento sexual, la respuesta suele ser: ¿por qué no? ¿Cuál sería el problema? Saber cuándo alguien quiere o no quiere tener sexo es *facilísimo* y está al alcance de todos. De hecho, se dice, si alguien no lo tiene claro es, quizás, porque no quiera tenerlo. Lo contradictorio del asunto es que, de nuevo, para defender las mismas leyes, se sostiene que vivimos en una *cultura de la violación*, esto es, que si estas políticas son necesarias se debe a que resulta preciso transformar profundamente una cultura que vuelve indistinguible el sexo de la violencia sexual. Desde esta perspectiva, lejos de estar todo clarísimo, el problema es más bien el contrario: habitamos una sexualidad patriarcal que oscurece y enturbia las cosas. Y hasta tal punto hemos sido instruidos en la normalización de la violencia que una agresión sexual puede no ser identificada como tal incluso por parte de quienes la padecen. Llevando al extremo este tipo de análisis estructural –es decir, que la violación es una *cultura*–, tendríamos que asumir que el emborronamiento de las cosas que genera nuestra sociedad envuelve tanto a las víctimas como a los victimarios, que ni unas ni otros estamos impermeabilizados frente a una ideología sexual que difumina los límites entre el sexo consentido y la agresión sexual. Pero, entonces, ¿es el consentimiento facilísimo o dificilísimo? ¿Está todo clarísimo o está todo endiabladamente oscuro?

El lema «solo sí es sí» se ha de entender dentro de esta extraña ambivalencia. Porque, de nuevo, la defensa del *paradigma positivo del consentimiento* es doble. Presupone, por una parte, que incorporando a nuestra vida sexual una cultura contractualista, el sí de las mujeres es una expresión libre y auténtica. Pero también asume que, en un mundo altamente peligroso, las mujeres no pueden decir que no. Ambas tesis, juntas, plantean una pregunta obvia: ¿por qué, cuando no somos libres para decir que no, podríamos decir un sí desde la libertad?[1]

---

1. Cuando hablo de decir «sí» o «no» a lo largo de este libro, me refiero a la expresión de una aceptación o una negativa en un sentido amplio. Por lo tanto, a no ser que se especifique que se trata de un sí verbal, se entiende que una mujer puede decir «sí» (o «no») al sexo no solo a través de las palabras, sino también por medio de gestos y actitudes. En la medida en la

La gran paradoja consiste en pensar el consentimiento al mismo tiempo como algo facilísimo y, a la vez, como algo imposible. Pero ¿son estas las dos únicas maneras de pensar el consentimiento? ¿No serán quizás ambas callejones sin salida? Este libro pretende pensar esta encrucijada como un debate complejo de consecuencias sociales y jurídicas profundas. Un debate en el que la ciudadanía no podrá participar si lo reducimos a un problema según el cual unos jueces estarían dispuestos a aplicar el consentimiento y otros no. Obviamente hay machismo en nuestra judicatura, pero si negamos que el problema de fondo es anterior, que las leyes que los jueces aplican presuponen una u otra mirada sobre la realidad social y que esa es la pregunta importante que las izquierdas y los feminismos deben en-

---

que esta obra defiende la complejidad del consentimiento, se aparta de los discursos que sostienen que este puede ser clarificado a través del uso de una forma fija, pues son justamente ese tipo de atajos y de promesas de facilidad los que este ensayo pone en cuestión. Estas páginas defienden, pues, que no existen fórmulas preestablecidas para hacer que el consentimiento sea algo claro (tampoco el lenguaje verbal) y que, por tanto, la única forma de *aclarar* o verificar el consentimiento –o saber si estamos diciendo «sí» o «no»– pasa por interpretar el significado de nuestras palabras, gestos y actos en función de un contexto siempre particular.

frentar, estamos ocultando el verdadero dilema. En toda legislación que quiera regular el consentimiento sexual aparecerá el viejo problema que plantea Fraisse: ¿puede haber en el sexo un pacto entre iguales o es el sexo inevitablemente un escenario de relaciones de dominación? ¿Debe el derecho poner en entredicho el consentimiento de las mujeres frente a hombres poderosos o en un mundo patriarcal están ya siempre viciadas las condiciones para consentir? ¿Hay contextos intimidatorios donde una mujer no puede expresar un no o el sexo mismo es intimidatorio en todo contexto y lugar?

Eclipsado, obviado, anulado por el ruido mediático y la agitación social ante determinados casos judiciales, simplificado por lemas y eslóganes y distorsionado por propagandas políticas, el verdadero debate político que encierra el concepto de consentimiento aún no ha sido abordado. Por todas partes, el discurso oficial defiende que el consentimiento es un concepto autoevidente, invoca su facilidad, su absoluta sencillez, su indiscutibilidad. Es justamente esa claridad decretada lo que debe hacernos sospechar. Si hay un concepto oscuro, lleno de pliegues y aristas, de ambivalencias y límites, es la idea de consentimiento. Y por eso es capaz de contener en su interior proyectos sociales y políticos distintos. Bajo esta sencilla palabra puede esconderse tanto una confianza exacerbada en el contrato como la total invalidación de este, tanto un hipercontractualismo neoliberal como una asfixiante teoría de la dominación que respalda los marcos securitarios. ¿Podríamos escapar tanto de una cosa como de otra? ¿Y si pensar críticamente el consentimiento nos llevara a afirmar tanto su extrema dificultad como la imposibilidad de renunciar a él?

Para pensar el consentimiento hay que analizar su polisemia, recorrer sus significados, preguntarnos por sus límites, extrañarnos ante sus paradojas. Dicho de otro modo, para poder reflexionar sobre el sentido de consentir hay que empezar por pensar el consentimiento como un *problema* antes que como una solución.

2. La teoría de la dominación y la negación del consentimiento: cuando decir que no es imposible

> [La violación] ha sido concebida como algo distinto del coito, [pero] para las mujeres, bajo las condiciones de dominación masculina, es difícil distinguir entre ambas cosas.
>
> CATHARINE MacKINNON

La denuncia de la violencia en el ámbito de las relaciones sexuales ha sido una de las causas feministas con mayor eco en el conjunto de la sociedad en los últimos años. La expansión mundial del movimiento #MeToo y la aprobación de nuevas leyes en diferentes países ha convertido la cuestión del consentimiento en un tema de discusión. Sin embargo, el problema político y teórico que subyace a la regulación de la violencia sexual está siendo obturado en el debate público español. En parte se debe a que las reformas legales se han dado sobre el trasfondo de enconadas disputas partidistas, lo que sin duda ha contribuido a una extrema simplificación. No obstante, la razón fundamental de la ocultación del debate en juego es que la hegemonía de las nuevas doctrinas del *consentimiento afirmativo* avanza generando la ficción de que la doctrina anglosajona del consentimiento, que es *una particular manera de pensarlo*, es la única que hay.

Las actuales reformas legislativas, tanto en el ámbito español como en otros países, se asientan sobre el relato de que, con anterioridad a las mismas, el consentimiento no era el criterio jurídico para distinguir el sexo lícito de la violencia sexual. Esto, sin embargo, como todo jurista sabe, no es cierto. El consentimiento comienza a ser incorporado en los códigos penales europeos a partir del siglo XIX, y su ausencia aparece como elemento necesario (no suficiente) en los delitos de violación. Dichos delitos suelen requerir la presencia de violencia, intimidación, privación de sentido o minoría de edad, en la medida en la que todas estas circunstancias prueban o revelan la ausencia de consentimiento. En el ordenamiento español, la ley no reconoce como bien jurídico la libertad sexual de las mujeres hasta después del franquismo. Hay que esperar a las reformas penales de 1989 o incluso 1995 para dejar atrás los «delitos contra la honestidad», un paradigma jurídico que involucraba al derecho en la defensa de un orden moral y un claro disciplinamiento sexual de las mujeres. Lo que las leyes contra la violación previas a los años ochenta se proponían proteger era la honestidad de las mujeres buenas, es decir, de las mujeres casadas. Por eso una prostituta, ejemplo paradigmático de la mujer «deshonesta», no podía ser amparada por la ley frente a una agresión sexual. En el fondo, la protección de la honestidad como bien jurídico revela que la división de las mujeres en «honestas» y «deshonestas», en buenas y malas mujeres, está siempre al servicio de proteger algo que nada tiene que ver con las mujeres. Lo que en última instancia está siendo salvaguardado es el honor de los hombres, el derecho de que los maridos posean a sus mujeres en un régimen de exclusividad sexual. Por ejemplo, el Código Penal de 1822 indicaba que «el que para abusar de una muger casada la robare á su marido, consintiéndolo ella, sufrirá una reclusion de dos á seis años, sin perjuicio de que ambos sufran además la pena de adulterio si el marido los acusase». Si el consentimiento de la mujer es del todo irrelevante y aparece la idea de «robo» es porque lo que se ampara es la propiedad del marido sobre su esposa. No es ella o la libertad sexual de ella lo que se considera objeto de ataque, sino el hombre que ostenta derechos sobre ella. Por la misma razón, las leyes contra la violación nunca incluían las agresiones sexuales dentro del matrimonio; los maridos estaban protegidos por el derecho para tener sexo no consentido con sus esposas. En otras palabras, las leyes prohibían a los hombres violar a las mujeres de otros pero no violar a sus propias mujeres. Es más, dentro de un marco penal orientado a proteger la patria potestad sexual de los hombres, el adulterio era delito y las mujeres podían ser acusadas de haber consentido, es decir, de no haberse resistido de la manera debida a un ataque sexual. Conservar, por tanto, la honestidad pasaba por que las mujeres demostraran que habían opuesto una resistencia heroica frente a una agresión sexual que tenía que haber sido, claro, necesariamente violenta. Estar dispuestas a arriesgar la vida para proteger el honor de sus maridos era lo que el derecho penal les exigía a cambio de conservar su honra y ser aceptadas en la sociedad.

El feminismo, desde hace siglos, ha convertido en blanco de sus críticas esa persistente exigencia patriarcal de resistencia a las víctimas de las agresiones sexuales. Porque, si bien es cierto que la necesidad de que las mujeres se expongan a arriesgar su integridad física o su vida para poder ser creídas ha desaparecido ya de forma explícita de nuestro ordenamiento jurídico, eso no quiere decir que esa exigencia no siga operando hoy día de forma subterránea y no siga existiendo, como prejuicio, en esa parte de la sociedad que es la judicatura. Ahora bien, para no describir una versión sesgada y poder plantear el problema en toda su complejidad, es del todo necesario no confundir o asimilar de manera automática el machismo de los jueces con el machismo de la ley, una distinción a menudo borrada en un debate español altamente deteriorado. Al presentar la situación como si el consentimiento hubiera permanecido hasta ahora ausente de nuestro marco penal, los defensores de las nuevas doctrinas del consentimiento afirman que la única alternativa al paradigma jurídico de los delitos contra la honestidad son los marcos de las reformas actuales, lo cual es falaz. Como escribe la jurista Patricia Faraldo, la llegada del consentimiento a escena es muy anterior al paradigma del consentimiento afirmativo: «A finales del siglo XX una oleada de reformas legislativas ha recorrido el mundo occidental con el declarado objetivo de convertir la ausencia de consentimiento en el eje sobre el que giren los delitos sexuales, abandonando la tradicional definición de la violación sobre la base de la concurrencia de violencia, fuerza o intimidación [...]. Al prescindir de la violencia, fuerza o intimidación, es suficiente que la víctima dé a conocer su falta de consentimiento de alguna manera reconocible para el autor, que se hace merecedor de pena cuando no respeta la negativa de la víctima. Esta posición se recoge sintéticamente en el aforismo "no es no"».[1]

1. Patricia Faraldo, «"Solo sí es sí". Hacia un modelo comunicativo del consentimiento en el delito de violación», en *Reformas penales en la península ibérica*, María Acale Sán-

La disyuntiva abierta hoy en nuestras sociedades no es la que contrapone un marco jurídico que exige la resistencia, ajeno al consentimiento, y otro donde, por primera vez, la capacidad de consentir entra en escena. La cuestión es que, una vez incorporado ya el paradigma de la libertad sexual, el modo de delimitar y probar que un acto es consentido no tiene una única traslación a los textos legislativos. Existen diferentes enfoques políticos a la hora de entender el consentimiento y, por tanto, hay distintas doctrinas jurídicas –podemos llamarlas, por resumir, la doctrina del «no es no» o la del «solo sí es sí»– a la hora de hacer que ese requerimiento tome cuerpo en la ley. El debate solo puede llevarse a cabo si lo empezamos justamente por aquí: preguntándonos qué entendemos por *consentimiento*, cuáles son sus límites, sus condiciones y su validez. Un problema que, por cierto, es incluso interno al feminismo y que hace ya bastantes décadas dio lugar a dos maneras distintas de entender la cuestión.

En 2003 Éric Fassin y Michel Feher entrevistan a Judith Butler en la revista *Vacarme* a

chez, Ana Isabel Miranda y Adán Nieto Martín (coords.), Boletín Oficial del Estado, Colección Derecho Penal y Procesal Penal, 10, 2021.

propósito de las polémicas surgidas en la sociedad francesa en relación con la libertad sexual. Para explicar las grandes cuestiones que a su juicio estaban en juego, Butler se remonta a los años ochenta y recuerda las razones de fondo de ese profundo debate político que se produjo en los feminismos a la hora de pensar el sexo y que se ha dado a conocer como las Sex Wars. Lo hace para recordar que lo que ha pasado a la historia como un gran enfrentamiento en torno a las leyes contra la pornografía comenzó siendo, en realidad, un debate sobre una cuestión mucho más nuclear y estructural: justamente el problema del consentimiento.

El punto de inicio es el famoso libro de Catharine MacKinnon *Sexual Harassment of Working Women* (1979), en el que la autora quiere problematizar la capacidad de las mujeres trabajadoras para decir «no» a las insinuaciones sexuales de hombres en posiciones de poder. ¿Puede una mujer rechazar las invitaciones sexuales de sus jefes cuando eso la expone a represalias laborales por parte de quienes tienen poder sobre sus vidas? La conclusión de MacKinnon es que cualquier pacto o acuerdo libre en esas condiciones es una ficción patriarcal y que el contractualismo liberal sirve para legitimar la libertad de los hombres y el sometimiento de las mujeres. En los contextos laborales, las mujeres que rechazaban invitaciones sexuales por parte de sus jefes se exponían a represalias y, por lo tanto, su capacidad de consentir quedaba en entredicho. MacKinnon se detiene fundamentalmente en los espacios de trabajo asalariado. Los analiza como contextos en los que se da una gran concentración de poder en puestos ocupados en su mayoría por hombres y en los que una persona tiene un gran poder sobre la vida de otra y, en consecuencia, la posibilidad de abusar de esa autoridad. Pero podríamos considerar otros ámbitos en los que tampoco parece estar garantizado que las dos personas estén en condiciones de igualdad para aceptar o rechazar una relación sexual. Pensemos, por ejemplo, en el ejército, un espacio que funciona con fuertes jerarquías y que está altamente masculinizado. Este debate también se ha establecido en relación con la universidad y, en general, con el ámbito educativo, donde sabemos muy bien que no pocos profesores y académicos han abusado y siguen abusando de su poder. En efecto, existen espacios en los que una fuerte jerarquía institucional vuelve el acoso sexual más factible.

Esta llamada de atención de MacKinnon podría haber concluido, como propone Butler, que *hay que contextualizar la sexualidad*, es decir, que es preciso tomar en consideración las fuertes desigualdades que existen en determinados contextos. Aunque esto, puntualiza Butler, no debería implicar, *ipso facto*, una condena de cualquier relación sexual que se dé en ámbitos de desigualdad. Las personas adultas se desean y se enamoran en sus trabajos, las universidades o las consultas del psicoanalista, y estigmatizar el erotismo y la seducción, condenarlos de antemano, dibuja un mundo profiláctico, higiénico y temeroso del sexo muy poco deseable. Contextualizar el sexo tendrá que ver más bien con obligarnos a no obviar, a no borrar de la ecuación las desigualdades una vez que tengamos que evaluar si el acoso o el abuso ha tenido o no lugar. Contextualizar el sexo nos llevaría, por tanto, a exigirle al derecho que sepa juzgar cada caso ateniéndose a las particularidades de la situación.

Esto es lo que fue incapaz de ver uno de los jueces que participó en la primera sentencia que emitió la Audiencia Provincial de Navarra en el mediático caso español de La Manada, donde había que demostrar que, sin resistencia o sin una negativa explícita por parte de la víctima, se trataba de un caso de violación en grupo. El fallo, que indignó a una gran parte de la sociedad española, incluyó un voto particular que negaba la existencia de una situación intimidatoria o de abuso de poder, un voto que, por lo tanto, eximía por completo a los cinco acusados. Por el contrario, el Tribunal Supremo argumentó después, con mayor tino, que «*en el contexto* que se describe en los hechos probados, el silencio de la víctima solo se puede interpretar como una negativa».[1] Hasta aquí podríamos decir que, frente a la ceguera de los prejuicios machistas, el feminismo reivindica una justicia que sepa, simplemente, juzgar bien.

La escisión del feminismo en las Sex Wars: dos maneras de pensar el consentimiento

Si tanto los primeros escritos de MacKinnon como el caso de La Manada nos situaran ante la evidencia de que, en *determinados contextos*, el consentimiento de las mujeres no

1. ‹https://elpais.com/sociedad/2019/07/05/actualidad/1562318324_192613.html›.

puede deducirse de la ausencia de una negativa explícita, ¿en qué disentiríamos las feministas? ¿En qué consisten esos grandes desacuerdos que escindieron el feminismo en Estados Unidos? Judith Butler lo explica: lejos de *contextualizar el sexo*, «Catharine MacKinnon tomó una dirección diferente. Pronto añadió a su argumento inicial que los hombres tienen el poder y las mujeres no; y que el acoso sexual es un modelo, un paradigma que permite pensar las relaciones sexuales heterosexuales como tales. En alianza con Andrea Dworkin, MacKinnon llegó a describir a los hombres como si siempre estuvieran en la posición dominante, y como si la dominación fuera su único objetivo, así como su único objeto de deseo sexual». Para Butler, «*esta evolución fue un error trágico*. En consecuencia, la estructura del acoso sexual dejaba de ser concebida como una contingencia determinada por un contexto institucional: se generalizó hasta el punto de manifestar una estructura social en la que los hombres dominan y las mujeres son dominadas. Por tanto, las mujeres eran en todos los casos víctimas de chantaje, se encontraban siempre en un ambiente hostil. Peor todavía, el mundo mismo era un ambiente hostil y el chantaje era simplemente el *modus operandi* de la heterosexualidad».[1]

Si el sexo es indistinguible de la violencia, no se trata ya de que *a veces* las mujeres no puedan negarse a mantener relaciones con los hombres, sino que no pueden negarse *nunca*. Como dice Agustín Malón en su excelente libro *La doctrina del consentimiento afirmativo*, «para MacKinnon [...] la misma expresión *violencia sexual* es un pleonasmo. Es la misma sexualidad la que es violenta. Es el principal artefacto con el que los hombres dominan a las mujeres, con la ventaja de que estas no saben que están siendo dominadas. Cuando creen desear y disfrutar, en realidad están siendo sometidas y violadas».[2] Convertir el acoso sexual no en una contingencia particular, sino en la lógica misma de la sexualidad llevó al feminismo abolicionista a considerar el sexo como un terreno inexorablemente peligroso para las mujeres, a convertir la pornografía en el símbolo de ese paradigma sexual, a demandar un

1. Éric Fassin y Michel Feher, «Une éthique de la sexualité. Entretien avec Judith Butler», *Vacarme*, núm. 22, enero de 2003. Las cursivas son mías.

2. Agustín Malón, *La doctrina del consentimiento afirmativo*, Aranzadi, Pamplona, 2020.

fuerte papel protector del Estado y a poner en marcha políticas prohibicionistas y punitivas. Y bajo las premisas de un enorme sistema de abuso de poder generalizado, ese feminismo generalizó también nuestra minoría de edad sexual. Porque, de forma totalmente coherente, la conclusión a la que ese feminismo llegaría es que, por mucho que las mujeres aceptaran pactos sexuales –el trabajo sexual, la pornografía o las relaciones sadomasoquistas–, esos síes eran inválidos dado que las condiciones para consentir estaban ya invalidadas de antemano. En otras palabras, bajo los marcos del feminismo de la dominación, el concepto de consentimiento es una trampa ideológica que sirve para encubrir lo que siempre se da en condiciones de fuerza. Si en un mundo patriarcal la coacción sexual impera siempre, consentir no cambiaría nada. Por lo tanto, en nuestra sociedad existen constantes *violaciones consentidas*. No es de extrañar en absoluto que en el seno de este feminismo radical abolicionista surgieran corrientes que propusieran el lesbianismo como apuesta política. En parte, era la conclusión lógica de entender que había una relación consustancial entre la violencia, la dominación y el sexo heterosexual.

Al otro lado, un feminismo diferente, en el que se inscribe Butler, impugnaba la heteronormatividad patriarcal defendiendo las múltiples formas de disidencia sexual –entre las que Gayle Rubin incluye el lesbianismo, la transexualidad y el travestismo, el sexo no monógamo, el BDSM, las relaciones sexuales intergeneracionales o sexo a cambio de dinero– pero criticando, al mismo tiempo, cualquier intento de imponer otra normatividad sexual (por ejemplo, el lesbianismo) en nombre del feminismo. Especialmente importante fue el trabajo de feministas como Carol Vance y quienes participaron junto a ella en la serie de textos compilados y publicados bajo el título *Placer y peligro*.[1] Estas otras voces feministas alertaron sobre el efecto problemático que tendría para las mujeres centrar los discursos sexuales en el peligro y reivindicaron la necesidad de trabajar en la conquista del placer resguardando la distinción entre la ficción (donde había que ubicar las representaciones pornográficas) y la realidad. El camino, lejos de legitimar al Estado e incrementar sus poderes, consistía en am-

1. Carol Vance (ed.), *Placer y peligro. Explorando la sexualidad femenina*, Talasa, Madrid, 1989. Traducción de Julio Velasco y María Ángeles Toda.

pliar los límites del deseo femenino, deshacerse de las culpas, despenalizar las fantasías y conquistar para las mujeres la posibilidad de jugar con los roles de género –a través, por ejemplo, de las identidades *butch/femme*– o los roles de poder –BDSM– siempre que se tratara de relaciones consentidas.[1]

En realidad fue esta corriente feminista, emparentada desde un punto de vista genealógico con las luchas *queer* y la defensa de los derechos de las trabajadoras sexuales, la que apostó decididamente por hacer del consentimiento sexual el criterio válido para distinguir entre el sexo y la violencia. Como afirma Malón, es «MacKinnon [quien] propone el abandono del paradigma del consentimiento y la entrada de otro marco de referencia, el del poder, mediante la ampliación del concepto de fuerza».[2] Si la desigualdad de poder vulnera las condiciones del consentimiento, en última instancia todas las relaciones sexuales son for-

1. En el marco de estos debates, la cuestión del sadomasoquismo se convirtió en todo un símbolo de la disputa y llegó a ser, para las feministas *pro sex*, un territorio que las mujeres y las feministas podían reivindicar, y para las feministas antipornografía, toda una representación de la sexualidad patriarcal.

2. A. Malón, *op. cit.*

zadas y, por lo tanto, violentas. La distinción entre la violación y el coito es en realidad imposible: «El punto de partida incuestionable ha sido que [la violación] ha sido concebida como algo distinto del coito, [pero] para las mujeres, bajo las condiciones de dominación masculina, es difícil distinguir entre ambas cosas».[1] Si, al otro lado, el feminismo opuesto a las leyes prohibicionistas pudo sostener su defensa del consentimiento es porque afirmó que, aun en condiciones de desigualdad de poder, sí es posible para las mujeres decir «sí» o «no» al sexo. Para que el consentimiento tenga validez, el poder no puede ser lo mismo que la fuerza y la violencia. El poder, dice Butler, no puede ser erradicado del sexo, por lo que hacer de la ausencia total de poder la condición necesaria del feminismo para legitimar o permitir el sexo nos aboca a una peligrosa reglamentación moralista de la sexualidad. Es justamente eso lo que Butler, como las feministas contrarias a la línea prohibicionista, identificó en la propuesta de MacKinnon y sus seguidoras: la imposición de un sexo *bueno*, es decir,

---

1. Catharine MacKinnon, *Hacia una teoría feminista del Estado*, Cátedra, Madrid, 1995. Traducción de Eugenia Martín.

de un *sexo feminista* vinculado no ya al consentimiento –esto es, a si las prácticas, sean las que sean, son consentidas o no–, sino a determinados contenidos y prácticas sexuales que serían buenas o malas (por ejemplo, un sexo cuidadoso y afectivo frente a un sexo sadomasoquista).

A partir de las reflexiones sobre el acoso y la violencia sexual, por lo tanto, el feminismo norteamericano se empezaría a fracturar a la hora de pensar el consentimiento. Y fue el feminismo proderechos, a veces también llamado «prosexo», el que defendió con rotundidad la legitimidad de los pactos y contratos sexuales entre mayores de edad. Si la prostitución voluntaria, la pornografía o el sadomasoquismo no podían perseguirse desde el punto de vista penal era porque, justamente, su carácter consentido los convertía en una práctica sexual legítima y, por tanto, no subsumible bajo el paraguas jurídico de la violencia sexual. En otros términos, el feminismo contrario a la prohibición del porno defendió la validez de toda práctica sexual que fuera voluntaria y se opuso a la invalidación del consentimiento que incorporaba el abolicionismo, entendiendo que se trataba de una indefendible limitación de nuestra agencia sexual y de una apuesta penal punitiva y paternalista.

Sin embargo, las tesis de MacKinnon encontraron una buena acogida en una sociedad norteamericana puritana altamente temerosa del sexo. Como explica Amia Srinivasan, «las críticas feministas radicales de la pornografía casaron con una ideología conservadora que estableció una distinción entre "malas" mujeres (trabajadoras sexuales, chupópteras de los servicios sociales), a las que el Estado debía disciplinar, y "buenas" mujeres, que necesitaban de la protección de este, y que veían a los hombres como seres rapaces por naturaleza [...]. Fue Ronald Reagan, el faro de la Nueva Derecha, quien, siendo presidente, ordenó a su fiscal general que llevara a cabo una investigación sobre los perjuicios de la pornografía, en la que prestaron su experto testimonio MacKinnon y Dworkin».[1] Las activistas organizadas alrededor de WAP (Women Against Pornography) trabaron productivas alianzas con el moralismo conservador de la derecha norteamericana y,

1. Amia Srinivasan, *El derecho al sexo*, Anagrama, Barcelona, 2022. Traducción de Inga Pellisa.

desde un potente altavoz social, pudieron aprobar leyes prohibicionistas que siguen vigentes.

Si esos debates son relevantes hoy es porque la herencia legislativa del feminismo de la dominación no incluye solo las leyes contra la pornografía. La apuesta en la legislación norteamericana por una redefinición jurídica del consentimiento partía de las mismas premisas filosóficas con las que se defendía la prohibición del porno: una identificación del poder con la violencia y una extensión ilimitada de la imposibilidad de decir que no. Fue el feminismo hegemónico en Estados Unidos el que inspiró políticamente el concepto *positivo* o *afirmativo* de consentimiento, una doctrina jurídica que diversos estados –entre los que se encuentran Wisconsin, Vermont, Nueva Jersey o California– han ido asumiendo hasta la actualidad. «En 2014, el gobernador de California, Jerry Brown, con el apoyo de activistas feministas, aprobó la ley SB 967, conocida como la ley del "sí es sí". Decretaba que todos los centros universitarios que percibían fondos estatales [...] debían acogerse al protocolo del "consentimiento afirmativo" a la hora de juzgar si un acto sexual era consensuado.»[1] Si bien la regulación penal del consentimiento es muy diversa en los diferentes territorios de Estados Unidos y el concepto de «consentimiento afirmativo» no está aún recogido en muchos estados, esta doctrina ha sido ampliamente adoptada en las regulaciones internas de los campus universitarios de todo el país. En 1996 el Antioch College de Ohio puso en marcha su «Sexual Offense Prevention Policy», un código vigente a día de hoy en el que se exige que toda relación sexual cuente con un «consentimiento verbal» previo que ha de ser reiterado «en todas y cada una de las actividades del encuentro sexual».[2] Se trata, por tanto, de abandonar un marco donde el consentimiento depende de la presencia o ausencia de una negativa (lo cual no se circunscribe a una resistencia física, por supuesto) para pasar a una regulación que exige positivamente –incluso de manera verbal– la afirmación. Como señala Catharine MacKinnon, que ha jugado un relevante papel como jurista de referencia y experta consultada por los legisladores,

1. A. Srinivasan, *op. cit.*
2. «Sexual Offense Prevention Policy (SOPP) & Title IX», Antioch College: <https://antiochcollege.edu/campus-life/sexual-offense-prevention-policy-title-ix>.

«las leyes del consentimiento afirmativo se limitan a cambiar las reglas de lo que constituye sexo legalmente aceptable: si antes los hombres debían parar cuando las mujeres dijeran no, ahora deben conseguir que las mujeres digan sí».[1]

De entrada, quizás no nos sorprenda que el marco teórico sobre el que se asientan estas nuevas normas jurídicas del consentimiento sexual sea el feminismo de la dominación; al fin y al cabo, es el que más esfuerzos ha puesto en subrayar la imposibilidad de decir que no por parte de las mujeres. Ahora bien, recordemos que lo que late de fondo en estas posiciones es una profunda desconfianza en la capacidad de consentir. En Estados Unidos, donde el debate del consentimiento se abrió hace al menos cuatro décadas, las reformas de las leyes contra la violación y la incorporación del paradigma del consentimiento afirmativo no han venido acompañadas de un consenso en el feminismo. Precisamente por la relevancia que desde los años ochenta han tenido las Sex Wars, con las que estas nuevas leyes entroncan de manera directa, el debate está

1. A. Srinivasan, *op. cit*.

servido. Las posiciones más críticas con las leyes del «solo sí es sí» provienen de la esfera de los estudios legales críticos, el feminismo antirracista y el antipunitivismo, donde cabe destacar tanto la intervención de la jurista Aya Gruber, que vincula las actuales leyes contra la violación con el auge de la política carcelaria en Estados Unidos, como la de la teórica *queer* y profesora de Harvard Janet Halley, que acusa al consentimiento afirmativo de suponer un verdadero giro conservador y reaccionario. En un incisivo texto titulado *The Move to Affirmative Consent*, Halley insiste en subrayar la desconfianza del feminismo de la dominación hacia el consentimiento: este, «aunque central en el léxico político del liberalismo, nunca ha sido atesorado en el pensamiento feminista radical de la dominación». Para MacKinnon, insiste Halley, «las mujeres a menudo –en algunas versiones siempre o casi siempre– consienten en mantener relaciones sexuales con los hombres bajo condiciones de dominación masculina omnipresentes y coercitivas que hacen que su consentimiento carezca de sentido descriptivo y moral [...]. Bajo esa dominación pueden dar su consentimiento al sexo, pero ese consentimiento está en quiebra desde el momento que se da».[1]

Así pues, para abordar hoy el debate sobre la capacidad de consentir habrá que empezar resaltando una enorme paradoja de partida: las leyes del consentimiento afirmativo, defendidas hoy por quienes las promueven como legislaciones que por fin vienen a *poner el consentimiento en el centro*, se apoyan en una teoría feminista que, siendo coherente, en última instancia invalida la noción misma de consentimiento.

Pero entonces tampoco es posible decir que sí

Una vez visto que el corazón del debate que dividió al feminismo norteamericano es el asunto del consentimiento, es fácil entender por qué la cuestión del trabajo sexual se convirtió enseguida en un campo de batalla. En efecto, la prostitución concentra desacuerdos de fondo en el feminismo y enfrenta dos concepciones diferentes sobre el sexo y la violen-

1. Janet Halley, «The Move to Affirmative Consent», *Signs. Journal of Women in Culture and Society*, vol. 42, núm. 1, 2016.

cia sexual. Si de verdad nos comprometemos con el consentimiento, con su validación jurídica, entonces ante una prostituta que expresa clara y nítidamente su voluntad de ejercer de forma autónoma (no forzada, no coaccionada) el trabajo sexual, el Estado y la ley no tienen nada que objetar. Ahora bien, dentro de los marcos del feminismo de la dominación, cuando asumimos que las mujeres estamos siempre bajo coacción y no podemos eludir las imposiciones de los hombres, nuestros síes no son jurídicamente válidos. La indistinción entre la trata y la prostitución voluntaria es el efecto necesario de una teoría feminista que ha extendido de forma ilimitada el concepto de fuerza y dentro de la cual, puesto que todo sexo es violento, por supuesto, toda prostitución es forzada. ¿Por qué habría de importarnos comprobar o no que una prostituta está sometida a amenazas y coacciones una vez que hemos asumido que toda mujer, en el terreno sexual, está amenazada y coaccionada? Del mismo modo, es preciso preguntarse por el sentido que tiene, dentro del paradigma del consentimiento afirmativo, insistir en la irrelevancia de la presencia de la fuerza y la intimidación. Se suele decir que, para poner el consentimiento en el centro, nuestras leyes deben dejar de reparar en que exista fuerza o no y que hay que «pasar de un marco jurídico centrado en la violencia y la intimidación a un marco jurídico centrado en el consentimiento». Pero ¿es cierto que el paradigma del consentimiento afirmativo ha dejado atrás el marco de la fuerza? «Paradójicamente, puede que esto no sea totalmente cierto y que tenga sentido una afirmación inversa: la doctrina del consentimiento afirmativo supone apostarlo todo al problema de la fuerza y renunciar en última instancia al criterio del consentimiento. No lo hace demandando más fuerza, violencia, amenazas, etc., por parte del hombre [...]. Lo hace redefiniendo la fuerza, en la forma de la presencia de un poder –jerarquía y desigualdad– como algo tan ubicuo, tan omnipresente, tan estructural e interiorizado por hombres y por mujeres en su socialización, que solo un consentimiento afirmativo realmente explícito e inequívoco podría, tal vez, ser considerado indicio de un consentimiento auténtico. Quizás ni eso.»[1] Y, en efecto, a veces, dentro de los marcos del «sí es sí», ni siquiera un sí es un sí.

1. A. Malón, *op. cit.*

De nuevo, como ejemplo, el sí de la trabajadora sexual.

Cuando, más allá de todo contexto particular, el mundo mismo es demasiado peligroso, el consentimiento es siempre una cesión ante el poder. Entonces una omniabarcante teoría de la falsa conciencia se cierne sobre las mujeres. Si la voluntad que las mujeres expresan no puede tomarse como criterio para delimitar la violencia sexual, entonces nos encaminamos necesariamente hacia un paternalismo estatal. Como no podemos decir que no, el Estado se convierte en un árbitro encargado de decir que no por nosotras, pero no lo dirá solo ante nuestros silencios, lo dirá también ante nuestros síes. La invalidación del consentimiento de la puta es el ejemplo paradigmático de un despotismo ilustrado feminista que defiende la legitimidad del Estado para anular ciertos pactos sexuales con independencia de que nosotras mismas queramos firmarlos. Estamos ante una versión feminista del «todo para el pueblo pero sin el pueblo» que defiende como tarea gobernar para las mujeres sin las mujeres o al menos sin algunas de ellas. Desde la perspectiva abolicionista del trabajo sexual, la prostitución consiste en un contrato que ha sido firmado en condiciones de esclavitud; es, por tanto, un falso contrato, un contrato de servidumbre que el Estado ha de poder anular. Si desde una posición proderechos es preciso probar la existencia de coacciones o amenazas para asumir que el consentimiento de una mujer (también de una prostituta) está viciado, desde una posición abolicionista no se requiere justificar ninguna circunstancia particular; la trabajadora sexual está coaccionada por ser mujer y vivir en un mundo patriarcal, es decir, por habitar una sociedad donde la coacción y la amenaza no imperan en un determinado contexto sino en cualquier contexto y lugar. La elección del trabajo sexual es igual de ilegítima siempre porque, desde las condiciones estructurales de una gran desigualdad de poder, el consentimiento de las mujeres carece de cualquier valor determinante. Lo que es importante comprender es que, desde la profunda coherencia que caracteriza al feminismo de Catharine MacKinnon, la indiferencia ante el consentimiento de las trabajadoras del sexo que tiene el abolicionismo no es solo un cuestionamiento hacia la capacidad de consentir de las prostitutas, sino que es la consecuencia inevitable de un feminismo que ya ha puesto en duda y *de modo generalizado* la capacidad de consentir de todas las mujeres.

Como decíamos anteriormente, si las leyes del «solo sí es sí» hicieran del consentimiento el criterio central para delimitar el sexo lícito de la violencia sexual, entonces el reconocimiento legal del trabajo sexual voluntario debería formar parte de estas reformas legislativas. ¿Están las leyes del consentimiento afirmativo o positivo reconociendo el consentimiento –sin duda afirmativo y positivo– de las trabajadoras sexuales? Nada más lejos de la realidad. De hecho, la Ley Orgánica 10/2022, de Garantía Integral de la Libertad Sexual, incluía en sus primeras versiones delitos de explotación sexual que quedaban fijados «aun con el consentimiento de la persona».[1] Dicho de otra manera, la supuesta ley del consentimiento

1. En sus primeras versiones del texto, la Ley 10/22 recuperaba del Código Penal franquista el delito de tercería locativa e introducía nuevas definiciones de explotación sexual que volvían delictiva la prostitución voluntaria y que, por tanto, requerían de una invalidación explícita de la voluntad de la trabajadora sexual. Esos artículos fueron en última instancia retirados a lo largo de la tramitación parlamentaria porque partidos socios del Gobierno como Bildu, Esquerra Republicana e incluso los Comunes, que integraban el Grupo Parlamentario de Unidas Podemos, forzaron al Ministerio de Igualdad a eliminarlos *in extremis*.

incluía cláusulas para invalidarlo a nivel legal. El caso español no es en absoluto una excepción. Muchos de los países que han incorporado a sus ordenamientos jurídicos doctrinas positivas del consentimiento tienen, al mismo tiempo, una posición prohibicionista con la prostitución. Esto, que sin duda es contradictorio, se explica porque la filosofía que subyace a las doctrinas positivas del consentimiento es la de un feminismo de la dominación que ha equiparado el poder con la violencia. Una vez aceptadas esas premisas no se puede llegar a otra conclusión que no sea la invalidez jurídica del consentimiento.

La americanización del sexo

El dominio cultural norteamericano –pensemos, por ejemplo, en la expansión mundial del #MeToo– explica mucho sobre la circulación de las ideas y el mapa de los actuales debates sobre la sexualidad y la violencia sexual. A pesar de que las feministas decimos estar hoy comprometidas con una posición anticolonial, el espíritu de ese feminismo yanqui de la dominación se ha ido expandiendo en las últimas décadas y lo han incorporado con gran entusiasmo una parte importante de las feministas europeas, sobre todo de aquellas que mantienen las posiciones más duras en la defensa de la persecución penal del trabajo sexual. Desde esas mismas corrientes, la prohibición de la pornografía tiene cada vez una mayor defensa hoy día. Y ese mismo espíritu está llegando a Europa a través de las nuevas doctrinas sobre el consentimiento sexual, aterrizando primero en algunos países anglosajones y, más recientemente, en una política española que, también debido a una historia colonial, está en disposición de exportar estas doctrinas al contexto latinoamericano.

Al calor de una poderosa economía mediática siempre propensa a agitar los discursos del pánico sexual, la sociedad española lleva tiempo importando los marcos dominantes del contexto norteamericano. En los últimos años, los periódicos y las televisiones de nuestro país se han llenado de casos en los que la capacidad de las mujeres para consentir una relación sexual –bien por ser menores de edad, por estar inconscientes, por estar en un portal amenazante– se veía anulada por completo o seriamente comprometida. Esos ejemplos han entrado en escena colonizando nuestro imaginario sexual, pasando de ocupar el lugar de la excepción al del paradigma. En España, el mediático caso de La Manada revelaba las cegueras de la judicatura para pensar los casos excepcionalmente complejos, y podría haberse tomado como demostración de que contextualizar la sexualidad –como dice Butler– es imprescindible para juzgar bien los casos en los que determinadas circunstancias hacen imposible decir que no. Sin embargo, como ha ocurrido con algunos casos judiciales mediáticos en otros países, su función fue más bien la de servir como argumento para defender que había que cambiar por completo el paradigma y pasar a presuponer que decir que no es imposible en todos los casos. Contribuyó así a consolidar un debate público cada vez más propenso a importar los lemas norteamericanos y las doctrinas jurídicas dominantes, y produjo en los últimos años una americanización de nuestra forma de entender el consentimiento.

Pedir que las leyes tengan herramientas para abordar correctamente los contextos particulares en los que el consentimiento está comprometido o directamente imposibilitado es una demanda feminista que tenemos que hacerle al derecho, pero eso es algo bien distinto de pedirle a la ley que presuponga que las mujeres, más allá de todo contexto, son siempre incapaces de decir que no.

En febrero de 2023 la cantante y activista Samantha Hudson, en una entrevista en televisión, al tiempo que defendía el lema «solo sí es sí», afirmaba que en ocasiones esos síes están forzados, por lo que «ya es hora de que la gente entienda que decir sí no siempre significa sí».[1] Puede resultar sorprendente que, defendiendo el «sí es sí», se diga que el sí puede no ser un sí. Pero lo que su planteamiento revela es que el lema «solo sí es sí» esconde, de fondo, una inevitable puesta en cuestión de la veracidad de los síes de las mujeres. En efecto, este nuevo paso que «ya es hora» de dar es un avance coherente con la filosofía que subyace hoy a los actuales discursos del consentimiento. Como dice Butler en la entrevista citada, si incorporamos una mirada en la que «el mundo mismo es un ambiente hostil» y el sexo se tiene siempre bajo coacción, el consentimiento solo puede ir perdiendo progresivamente su estatuto de cri-

1. Entrevista de Samantha Hudson en el programa de Risto Mejide *Viajando con Chester*, 7 de febrero de 2023.

terio válido. En otras palabras, los discursos que convierten la coerción en la regla no pueden sino dejar de lado la pregunta acerca del contexto y de las *condiciones* del consentimiento. O, como advierte también Butler, cuando no existe diferencia entre poder y violencia, toda desigualdad de poder se convierte en una cuestión de fuerza ante la que el carácter viciado de la capacidad de consentir se expande y adquiere el estatuto de condición general.

El peligro de entender el poder como violencia

En la entrevista de la revista *Vacarme* a Butler le preguntan explícitamente acerca de la relación entre el sexo y el poder, en concreto sobre si sería necesario suponer que, para que sea legítima o auténtica, la sexualidad debería ser indiferente a toda relación de poder. La respuesta de Butler es rotunda: «Por mi parte, incluso diría, con Michel Foucault, que el poder y la sexualidad son coextensivos, que no hay sexualidad sin poder. Diría que el poder es una dimensión muy excitante de la sexualidad».[1]

1. É. Fassin y M. Feher, *op. cit.*

Amber Hollibaugh, una de las voces del feminismo norteamericano contrario a la prohibición de la pornografía, plantea también la cuestión en 1981: «El estado actual de las conversaciones feministas ha exigido que las mujeres vivan fuera del poder en el sexo. Al parecer hemos decidido que el poder en el sexo es masculino porque conduce al dominio y a la sumisión, que a su vez se definen como exclusivamente masculinos. Casi toda nuestra teorización sugiere que cualquier excitación causada por el poder que sientan las mujeres es simplemente falsa conciencia. En la vida real esto obliga a muchas feministas a renunciar al sexo tal y como lo disfrutan y obliga a un grupo aun mayor a pasar a la clandestinidad con los sueños [...]. Silencio, ocultación, miedo, vergüenza: es algo que siempre se ha impuesto a las mujeres [...]. ¿Nos lo impondremos ahora a nosotras mismas?».[1]

En el momento en el que Hollibaugh escribe estas palabras, en plenas Sex Wars, hay abierto un enconado debate sobre la posibilidad de que las mujeres no pierdan sus credenciales

1. Amber Hollibaugh, «El deseo del futuro: la esperanza radical en la pasión y el placer», en *Placer y peligro*, *ed. cit.*

feministas por practicar el sadomasoquismo, una conducta sexual que supone, obviamente, una erotización del poder. El debate, para Maggie Nelson, sigue siendo hoy el mismo. En su libro *Sobre la libertad*, la autora quiere cuestionar «la premisa implícita de que el sexo "correcto" –el sexo más ético y justo y hacia el que todos deberíamos encaminarnos– es el sexo despojado de todas las relaciones de poder posibles».[1] Confundir el poder con la violencia no solo conduce directamente a un moralismo culpabilizador y castigador para las mujeres, sino que también le estamos abriendo la puerta a una deriva punitiva imparable.

Porque ¿en qué condiciones podríamos sostener por completo que dos personas están exactamente en las mismas e idénticas condiciones, que no existe entre ellos ni la más mínima desigualdad o asimetría que permitiera sostener un desigual reparto de poder? ¿A qué tipo de expansión del derecho penal nos encaminaríamos si hiciéramos de la desigualdad de poder una anulación del consentimiento? Numerosas discusiones públicas durante los últi-

---

1. Maggie Nelson, *Sobre la libertad*, Anagrama, Barcelona, 2022. Traducción de Damián Alou.

mos años revelan este peligroso giro por el que toda desigualdad puede ser potencialmente utilizada para entrar en el marco de la violencia sexual. Si escuchamos el murmullo social, resulta, por ejemplo, evidente que las diferencias de edad han ido ganando cada vez más protagonismo y se han convertido en el argumento para probar un abuso de poder lo suficientemente grave para ser señalado de manera pública en las redes sociales. Si tener una relación con alguien veinte años menor merece reprobación social *per se*, es porque un concepto de violencia sexual en progresiva expansión va asumiendo cada vez más variables.

Lo que Butler trata de señalar como el «error trágico» de Catharine MacKinnon es que, al equiparar el poder con la fuerza, la violencia sexual se vuelve jurídicamente imposible de delimitar y, por tanto, la expansión penal es imparable. Si el poder quiebra el consentimiento, ¿dónde pondremos el límite? Si las diferencias de edad vulneran las condiciones para consentir, ¿por qué no las diferencias de clase? ¿O por qué las diferencias de raza no podrían ser un obstáculo al consentimiento en un mundo donde indudablemente el color de la piel se traduce en desigualdades de poder?

¿O por qué no llegaríamos a decretar la ilegalidad misma de las relaciones entre quienes dentro de una empresa tienen diferentes cargos o posiciones de poder?

En abril de 2022 el Xokas, un *streamer* con un millón de seguidores, levantó una enorme polémica en Twitter por publicar un vídeo en el que fanfarroneaba ante sus fans sobre cómo sus amigos conseguían ligar absteniéndose de beber alcohol. El tipo presumía de las grandes hazañas de unos amigos «muy cracks» que, al salir de fiesta, bebían solo zumos para que las mujeres, que sí habían bebido unas copas, les vieran «como un siete en vez de como un cuatro por estar colocadas». La reacción fue que cientos de usuarios de Twitter y unas buenas decenas de analistas de opinión, por no hablar de cargos políticos e institucionales, identificaron al Xokas como a un criminal que había cruzado la línea entre el flirteo y la violación. Las redes se llenaron de tuits que constataban un delito sexual, los análisis en los medios vieron una clara incitación a «violar a mujeres inconscientes», se pidió la intervención de oficio de la Fiscalía y la cancelación de la cuenta del personaje en cuestión. Posteriormente, incluso el Ministerio de Igualdad introdujo en un vídeo de una campaña institucional contra la violencia sexual a un actor que representaba a este *streamer* en Twitch. Sin duda había fanfarroneo machista en el vídeo del Xokas, pero nada que permitiera establecer que él o sus amigos habían conseguido irse con esas chicas en contra de su voluntad, lo que, de atender al consentimiento, sería el único requisito para establecer un delito sexual. Nadie conocía la opinión de las chicas. Y eso es precisamente lo revelador: que a nadie le hacía falta conocerla. El caso, en cierto sentido tonto, evidencia a la perfección una inercia presente en el actual sentido común: una extensión ilimitada del argumento de la desigualdad por el que incluso haber bebido e interactuar con quien no lo ha hecho coloca a las mujeres en una situación de peligro porque han perdido la capacidad para decidir. Sostener, como se dijo, que ligar con mujeres que hayan bebido es un abuso de poder que nos hace entrar en el campo de los delitos no es lo que percibe una sociedad educada en el valor del consentimiento, es más bien lo que percibe una sociedad inmersa de lleno en los marcos del peligro sexual. Presupone que no podemos ser nosotras las que –sí, también habiendo bebido– elijamos irnos a casa con esos tipos, por no hablar de que presupone, asimismo, que las mujeres no usamos –por qué no– estrategias de poder para ligar. Por último, el mensaje que parece mandar la sociedad coincide sospechosamente con el que llevamos siglos recibiendo: «Mujeres, si queremos ser respetadas, seamos prudentes y precavidas, mejor no bebamos alcohol». Una curiosa manera de volver a la castidad femenina en nombre de nuestra protección.

Cuando pensamos el sexo como un campo lleno de peligros, suceden dos cosas. Por una parte, nos quedamos sin herramientas para criticar el machismo sin convocar constantemente la intervención judicial y penal; eliminamos la posibilidad de emprender, contra el sexismo, un combate cultural que no consista en ver delitos por doquier. Por otra parte, se confunde cualquier mínima desigualdad de poder con una fuerza que anula nuestra voluntad. Pensar la sexualidad como si las mujeres estuviéramos siempre en situación de peligro consolida la tradicional imagen femenina de fragilidad y acaba reproduciendo el lugar que el patriarcado siempre ha asignado a las mujeres. Y esta expansión ilimitada del argumento de la desigualdad, esta americanización del sexo, solo puede llevarnos a donde llevó a MacKinnon. No estamos tan lejos de ello. En 2023 algunos cargos académicos de universidades catalanas reivindicaban explícitamente la normativa yanqui y planteaban de manera directa la prohibición de las relaciones entre profesores y alumnos.[1]

El abandono del «no es no»

Más allá de un derecho patriarcal –es decir, un ordenamiento jurídico que presuponga que en todo contexto las mujeres pueden decir que no y que identifique el silencio siempre como una aceptación–, cabe no solamente una alternativa sino dos: que las mujeres *nunca* puedan decir que no o que *a veces* no puedan hacerlo; que siempre el silencio signifique un no o que no teniendo que implicar un sí, pueda significar diversas cosas. La defensa de que el nuevo paradigma jurídico del consentimiento afirmativo es la única manera de hacer aparecer el consentimiento falsea totalmente la

1. <https://www.elperiodico.com/es/sociedad/20230518/deberian-prohibirse-relaciones-profesores-alumnos-universidades-debate-expertos-87495195>.

cuestión. En primer lugar, porque la perspectiva del «no es no» no nos conduce a la exigencia de una resistencia física de las mujeres (no respetar una negativa –sea esta expresada a través de un no verbal o de cualquier otro modo gestual– es una forma de vulnerar el consentimiento que no implica que la mujer se haya tenido que resistir violentamente). En segundo lugar, porque, como se ha tratado de argumentar, solo un paradigma jurídico que incluya en su horizonte la posibilidad de la negativa puede hacer del consentimiento un criterio realmente válido y vinculante.

El lema «no es no» se ha coreado, durante muchos años, en las manifestaciones feministas. Con él se pretendía señalar la gran resistencia que una sociedad patriarcal tiene a la hora de reconocer y respetar la voluntad de las mujeres en el ámbito del sexo. ¿Por qué era tan necesario ese lema? Por un lado, porque a pesar de que nuestras leyes hace tiempo que dejaron atrás los delitos contra la honestidad y se inscribieron dentro del paradigma del consentimiento, por supuesto, eran leyes mejorables. Que el consentimiento fuera el criterio regulador no imposibilita que, dentro de ese mismo marco, las leyes no pudieran ser reformadas y mejoradas en muchos aspectos importantes.[1] Por otro lado, porque, más allá de las leyes, los prejuicios son insidiosos y persistentes, involucran a toda la sociedad –incluyendo a esa parte que es la que tiene que interpretar las leyes– y cambiarlos requiere un trabajo cultural de fondo.

¿Cómo es posible que un lema que señala lo mucho que queda por hacer parezca, de pronto, una consigna a desterrar? Hoy, para algunos feminismos, abandonar esa consigna sería un avance para las mujeres. Incluso el «no es no» se ha llegado a presentar como un eslogan antifeminista.[2]

Si decir que «no es no» ha sido tan importante para expresar las demandas de libertad del feminismo es porque hace saber a la socie-

1. No pocos juristas han subrayado que los casos de sumisión química (en los que, sin violencia e intimidación, no puede concurrir el consentimiento) quedaban insuficientemente contemplados en la anterior legislación española y que hacer una referencia más concreta y específica a ellos era una mejora recomendable.

2. En 2022 la delegada del Gobierno de España contra la violencia de género, una de las promotoras de la ley del «solo sí es sí», llegó a identificar el «no es no» como «el lema de los jueces» e insinuó que suponer que las mujeres podemos decir que no es pura ideología patriarcal y nos retrotrae a unas leyes en las que la ausencia de consentimiento va necesariamente ligada a la exigencia de resistencia física.

dad y a los hombres que las mujeres pueden retirar su consentimiento y que esa negativa debe ser absolutamente respetada. Ese mensaje es importante no solo para los hombres, sino para todas las mujeres. Porque, en efecto, rompe con las demandas de disponibilidad y complacencia que una sociedad patriarcal nos pide desde la infancia. Pensemos en el tipo de culpabilidad que muchas chicas jóvenes experimentan por decir que no cuando terminan una relación o cuando se exponen a frustrar las expectativas masculinas. Todas sabemos lo que pesan los mandatos de género patriarcales y hasta qué punto los tenemos interiorizados. Decir que no requiere un aprendizaje, implica una superación y, sin duda, significa una conquista. Es la conquista de nuestro derecho a decepcionar, a defraudar, a no cumplir con lo que los hombres esperan de nosotras. Ellos deben aprender a respetar la voluntad de las mujeres, y nosotras tenemos que aprender a expresar esa voluntad y ayudarnos entre todas para hacerlo; realizar ese aprendizaje juntas nos hace a todas más libres. De hecho, confiar en que somos capaces de decir que no –junto a la garantía legal de que ese «no» será respetado– es lo que puede darnos seguridad no solo respecto al Estado y su intermediación, sino a nosotras mismas. Y es eso lo que puede armarnos de confianza para adentrarnos con libertad en un terreno sexual en el que puede haber muchos desencuentros y, por tanto, muchas razones para decir que no, más allá de la violencia patriarcal. El sexo no es solo un campo de amenazas, está atravesado de zonas oscuras, dudas, falta de certezas, errores, malentendidos. Saber y poder decir que no implica estar armadas para asumir las incertidumbres de la sexualidad sin vernos irremediablemente abocadas a un proteccionismo securitario.

El giro hacia el lema «solo sí es sí», propiciado por un imaginario sexual colonizado por el peligro, nos lleva más bien a un escenario en el que, en ausencia de un sí explícito, hay que presumir de manera universal y sistemática la negativa de las mujeres. A pesar de que pueda parecer un lema afirmativo, supone una extensión del campo del no y comunica a toda la sociedad que, por defecto, las mujeres nunca desean sexo. ¿Es esta una imagen empoderadora? ¿Rompe con los estereotipos patriarcales? ¿O acaso los consolida y los refuerza? El lema «solo sí es sí» asume que, entre el rotundo sí y el rotundo no, no hay ningún espacio intermedio: lo que no sea un clarísimo sí ha de ser un clarísimo no. Y, asumiendo que ese «no» no podemos decirlo nosotras, el Estado adquiere el papel de árbitro y lo dice preventivamente por todas nosotras. Pero ¿de verdad nos hace más libres que, en ausencia de un sí explícito, no pueda seguir existiendo un «no sé»? ¿A qué nos conduce esta exigencia de agotar la totalidad del sexo, o bien en el campo del sí, o bien en el campo del no? ¿Qué estamos perdiendo en realidad las mujeres en este escenario? Trataremos este asunto en posteriores páginas, pero adelantemos ahora que lo que en un mundo altamente peligroso dejará de existir para nosotras es el derecho a la búsqueda y la exploración, es decir, el derecho a no saber. O, lo que es lo mismo, el derecho al deseo, que siempre y necesariamente existe de forma opaca y velada en ese terreno ambiguo y gris en el que ni querríamos tener que decir que sí ni querríamos tener que decir que no, en el que lo que más bien diríamos si tuviéramos que decir algo es un «vamos a ver», un «quizás» o un «no sé».

Por ahora se ha tratado de mostrar que los debates norteamericanos, pertinentes según Butler para pensar las encrucijadas del feminismo francés de hace dos décadas, son igualmente iluminadores para comprender nuestro contexto. La pregunta política que debe emerger es la de si el derecho tiene que proceder como si la coacción sexual fuera un caso o una regla, como si el sexo fuera a veces peligroso o como si lo fuera *per se*, como si el silencio significara a veces una negativa –«en ese contexto», decía la sentencia del Supremo– o como si lo significara siempre, como si decir que no fuera imposible en ocasiones o como si nunca fuera posible.

La doctrina del consentimiento afirmativo es una de las maneras posibles de contestar a estas preguntas. Pero existe otra. Una según la cual el derecho, en términos generales, debe proceder como si, en ausencia de coacciones y amenazas, las mujeres mayores de edad sí podemos y sabemos decir que no; de hecho, lo decimos muchas veces. Una en la que el derecho debe poder reconocer los contextos de peligro e intimidación que anulan nuestra voluntad, pero pensándolos siempre como caso, no como regla general. Una, por lo tanto, que pediría al derecho que sepa –como dice Butler– *contextualizar la sexualidad*, es decir, que sepa cuándo no es posible decir que no y cuándo sí es posible decirlo, en qué contexto un silencio significa un no y en qué contexto significa un sí o un no sé. Para algunas feministas, entre las que desde luego me incluyo, el horizonte del «no es no» es inseparable de la libertad sexual. Porque solo conservando la posibilidad de decir que no podremos conservar eso que algunas no estamos dispuestas a dar por perdido: que tanto nuestros noes como nuestros síes son válidos y que, por tanto, deben ser respetados por los hombres y por el Estado. Si vamos a incorporar cada vez más los discursos del peligro, entonces tengamos clara la advertencia de Butler: se empieza cuestionando la capacidad de las mujeres para decir que no más allá de ciertos contextos concretos y se acaba asumiendo que el consentimiento es falso cuando las mujeres dicen que sí. O, lo que es lo mismo, que las mujeres digan «sí» o «no» dejará de ser el centro de la cuestión y la sociedad podrá simplemente prescindir de ello, volviéndose nuestra voluntad (es decir, nuestro consentimiento) cada vez más irrelevante. Debemos pensar con más cautela adónde nos llevan los marcos actuales. Si el «no es no» debe ser abandonado, si el sexo es demasiado desigual para que nuestra negativa se pueda abrir paso, ¿qué nos hace pensar que sería posible decir que sí en un mundo así de peligroso? O, como lo expresa Katherine Angel en *El buen sexo mañana*: «Si un "no" es irrelevante, ¿cómo va a ser relevante un "sí"?».[1]

No nos hagamos trampas: en un contexto de amenaza, ni un no ni un sí son veraces. Y, en realidad, validar un sí pronunciado bajo coacción sería legitimar jurídicamente una cesión y, por tanto, hacernos decir «sí» sería la peor de todas las trampas. Podemos ponerle muchos apellidos al sí –añadir que ha de ser *libre* o que ha de ser *reversible*–, pero el problema nos sigue esperando a la vuelta de la esquina. La veracidad del consentimiento no depende de que usemos determinadas fórmulas o incluso determinadas palabras mágicas. De hecho, el acto de consentir en una boda se parece bastante en su expresión a la forma que se le pide hoy al consentimiento sexual; también es verbal y explícito y, por supuesto, es afirmativo, pero eso no quiere decir que las mujeres fueran precisamente libres por decir un «sí, quiero». Como explica Geneviève Frais-

1. Katherine Angel, *El buen sexo mañana. Mujer y deseo en la era del consentimiento*, Alpha Decay, Barcelona, 2022. Traducción de Alberto G. Marcos.

se en *Del consentimiento*, solo podemos considerar que las mujeres fueron libres de casarse cuando, muchos siglos después, conquistaron el derecho al divorcio. Ningún paso del «no» al «sí» resuelve en nada el problema. Lo único que hace libre al sí, lo único que lo hace reversible, lo que lo distingue de un sí esclavo, es que decir «no» sea posible. Si queremos conservar el consentimiento, si nos comprometemos con él, entonces la posibilidad de decir que no es un horizonte irrenunciable.

3. Neoliberalismo sexual: cuando decir que sí es facilísimo

> Cuando tú tienes una primera cita hay una cosa imprescindible [...] decir exactamente qué es lo que estás buscando. Si quieres tener una pareja, dilo. Si lo que quieres es follar, dilo. Si lo que quieres es alguien que te acompañe al cine los domingos y te haga la cucharita los lunes, dilo. Porque si no lo dices y mientes, luego vienen los problemas.
>
> HENAR ÁLVAREZ
> (en un vídeo promocional
> de Instagram para una marca
> de juguetes sexuales)

En las anteriores páginas nos hemos centrado en una de las caras de los actuales discursos del consentimiento, esa cuya filosofía de fondo lo entiende como una doctrina liberal que estará siempre al servicio del poder de los hombres. Según la teoría de la dominación del feminismo de MacKinnon, en un mundo patriarcal, los contratos sexuales son simplemente una ficción y una trampa. Hay, no obstante, otra cara de la cuestión. Porque, como ya hemos apuntado antes, al compás del avance de los discursos del peligro sexual, se abre paso también un espíritu radicalmente contractualista y una confianza total en las bondades del consentimiento. No hace falta salir de los argumentos con los que se defienden las nuevas leyes del consentimiento para encontrar tanto un feminismo decididamente antiliberal como un liberalismo exacerbado. Porque, al mismo tiempo que hay una permanente sospecha sobre el sexo como escenario de dominación, existe la convicción de que en el terreno sexual acordar y hacer pactos claros es muy fácil. Si, por una parte, el patriarcado introduce una oscuridad insuperable en nuestras relaciones sexuales, por otra, al sexo parece poder asistirle una transparencia total.

Revistas de mujeres, consejos de sexólogos, contenidos de Instagram... no paran de exhortarnos a la claridad, a la explicitación de los deseos, a poner el sexo en palabras, al acuerdo consensuado, al pacto verbal. Por doquier, las mujeres estamos impelidas a hablar de sexo, a contar lo que nos gusta, a hablarlo con nuestras amigas, con nuestras parejas sexuales, con nuestros amantes ocasionales. En los discursos *mainstream*, la libertad sexual aparece de forma permanente ligada a la clarificación exhaustiva del deseo y la mujer sexualmente empoderada sabe decir con precisión lo que está buscando. El optimismo del asunto radica en que, cohabitando con una invalidación del contrato, parece prometérsenos que, contratando permanentemente el sexo, podremos tener no solo un sexo consentido, es decir, un sexo *no violento*, sino un sexo *deseado*, pleno, placentero y feliz.

Así pues, paradójicamente, si bajo los marcos del peligro sexual era imposible decir *lo que no queremos*, existe una confianza total en la posibilidad de decir *lo que sí queremos* y de afirmarlo sin el menor rastro de ambigüedad. Si antes no era posible decir nada, ahora parece posible verbalizarlo *todo*. En un abrir y cerrar de ojos podemos pasar del pesimismo que conlleva pensar que el sexo es inevitablemente violento a la ingenuidad que supone creer que el goce y el placer están garantizados a través del lenguaje y el acuerdo. ¿No estaremos atrapadas en la disyuntiva entre no esperar *nada* del consentimiento o esperar quizás *demasiado*? ¿Y cómo es sostenible que nuestra sociedad afirme ambas cosas a la vez?

Como dice Katherine Angel, «en la cultura del consentimiento la verbalización explícita de la mujer sobre su deseo se exige tanto como se idealiza, se reclama impertinentemente como seña de progresismo político».[1] Quizás, ante tanto entusiasmo, tenga sentido detenerse un momento para preguntarnos si no estaremos pasando por alto una cosa fundamental: ¿y si no siempre –o quizás casi nunca– conocemos nuestros propios deseos? ¿Y si el sexo tiene algo de oscuro más allá de las relaciones de dominación que los hombres imponen a las mujeres? ¿Y si esa opacidad, tan incómoda para la lógica liberal moderna, formase parte de la propia sexualidad?

1. Katherine Angel, *El buen sexo mañana. Mujer y deseo en la era del consentimiento*, Alpha Decay, Barcelona, 2022. Traducción de Alberto G. Marcos.

La transparencia del sexo

Evidentemente, la comunicación sexual tiene un aspecto reivindicable, sobre todo frente a la estigmatización puritana del sexo como algo vergonzoso e impúdico. Durante mucho tiempo, la cultura conservadora y la moral cristiana han mandado callar y han condenado como inapropiadas las expresiones públicas de la sexualidad. Podemos decir sin duda que esa condena moral ha recaído siempre especialmente en las mujeres y que somos nosotras quienes seguimos recibiendo hoy día ese mandato de poner a salvo nuestra honestidad ocultando cualquier expresividad sexual. Portarnos bien, no ser unas putas, sigue siendo aceptar ese pacto por el cual la sociedad nos considerará buenas chicas siempre y cuando seamos precavidas y asumamos nuestro papel pasivo y retraído en lo sexual.

El mandato de silencio de la moral puritana tradicional no es, sin embargo, el único obstáculo con el que se topa la libertad sexual. Lo que Michel Foucault viene a decir en su *Historia de la sexualidad* es que el modo en el que la sociedad moderna regula el sexo no es reprimiéndolo y ocultándolo en la alcoba, sino más bien sacándolo permanentemente a la luz. De hecho, nuestra sociedad ha dado lugar a una incesante *puesta en discurso del sexo*; la forma de ejercer el poder sobre la sexualidad tiene que ver no con su ocultación, sino con su incansable iluminación; nosotros los modernos controlamos el sexo *produciendo un saber* sobre él.

Como dice el psicoanalista Jorge Alemán, «el empuje del neoliberalismo es que todo se haga visible, que todo sea comunicable, que todo pueda ser medido, calculable y evaluable».[1] La religión economicista, que pretende imponer una extensión ilimitada del contrato como forma paradigmática de toda relación social, presupone a ese *Homo economicus*, que va por el mundo haciendo cálculos y comunicando sus preferencias con claridad. En una sociedad de mercado que quiere poder contratarlo todo, es imperioso que todo se pueda *comunicar*, y la nuestra, recuerda Foucault, lleva siglos convirtiendo la sexualidad en «algo que debe ser dicho». Constreñido a una existencia discursiva, «acosado por un discurso que pre-

1. Jorge Alemán, *Breviario político de psicoanálisis*, Ned Ediciones, Barcelona, 2023.

tende no dejarle ni oscuridad ni respiro»,[1] el sexo en la modernidad debe ser constantemente nombrado, analizado, categorizado, listado, diseccionado a través de saberes expertos y consejos prácticos autorizados. Hoy una parte del feminismo parece entregarse con entusiasmo a esta cultura sexual de época: basta con levantar un poco la mirada para constatar hasta qué punto los discursos destinados a las mujeres están hoy imbuidos de este espíritu de transparencia. Nuestra libertad, se nos dice, es saber pedir con precisión lo que queremos en la cama. Y poner el sexo en palabras –que el consentimiento sea incluso *verbal*– se ha convertido hoy en el antídoto contra todos los males. Si algo ha colonizado e impregnado el discurso sexual de la cultura *mainstream* es esta permanente invitación que nos anima a verbalizar el deseo. Pareciera como si todo tuviera que estar clarísimo, como si todo fuera facilísimo. Demasiado fácil, demasiado claro, demasiado transparente...

1. Michel Foucault, *Historia de la sexualidad I. La voluntad de saber*, Siglo XXI, México D. F., 2019. Traducción de Ulises Guiñazú.

El sujeto del contractualismo sexual

Geneviève Fraisse sostiene, con razón, que el consentimiento pertenece al lenguaje político del liberalismo moderno. Y, como sabemos, el pensamiento de la tradición de izquierdas lleva siglos entablando con la modernidad y sus presupuestos una discusión crítica. Una manera de problematizar este paradigma consiste en advertir que, en este mundo, unos –los que suelen escribir los contratos– tienen el poder para imponer a otros que los firmen y estos se ven obligados a *ceder*. Consentir, en este caso, lejos de ser un acto libre es un acto *forzoso* y, como hemos visto, esa es la sospecha principal que Catharine MacKinnon y el feminismo de la dominación norteamericano verterá contra el consentimiento sexual. Ahora bien, el contractualismo clásico moderno puede también ponerse en cuestión a través de la crítica a uno de sus fundamentales presupuestos: el sujeto pactante que siempre sabe lo que quiere. Al menos desde Freud, tendremos que empezar a hacernos cargo de que el psiquismo introduce una dificultad nada menor en la ecuación. La escisión interna del sujeto, que puede a la vez querer y no querer, y que puede no saber lo que *en el fondo* quiere, pondrá en serios apuros a ese individuo soberano al que las leyes tratan como dueño de una voluntad unívoca y autoconsciente. Si el psicoanálisis ha sido y es tan enormemente incómodo para el paradigma liberal es porque, como dice Rosi Braidotti, «la hipótesis del inconsciente infligió una herida terrible en el narcisismo de la visión clásica del sujeto».[1] Que el sujeto no coincida consigo mismo, que lo habite el conflicto interno, que pueda querer de modos contradictorios o, lo que es lo mismo, que esté atravesado por el *deseo* –ese objeto tan bastardo en el pensamiento filosófico clásico–: todo ello pone en jaque los delirios de grandeza del sujeto transparente, consciente y racional.

Tiene mucho sentido que algunas de las teorías más críticas con el sujeto moderno provengan de pensar en profundidad el sexo, una parcela de la vida humana donde parece especialmente difícil evitar el problema del deseo y su insondable opacidad. El feminismo, dedicado desde hace tiempo a traer a escena la vulnerabilidad, tiene buenas razones para ser un alia-

---

1. Rosi Braidotti, *Feminismo, diferencia sexual y subjetividad nómade*, Gedisa, Barcelona, 2015. Traducción de Gabriela Ventureira y María Luisa Femenías.

do del psicoanálisis en la crítica a esos estandartes de la modernidad. Un sujeto de razón y voluntad, un sujeto completamente iluminado, un sujeto que lo sabe todo, es un sujeto que no necesita a los demás. Ese sujeto absuelto de cualquier forma de interdependencia y construido sobre la ficción de una falsa autonomía es el que la teoría feminista ha ligado a la masculinidad. Si queremos desenmascarar el sesgo patriarcal de la noción de sujeto de la modernidad, entonces hay preguntas que es necesario plantear a un discurso sobre la sexualidad entregado con entusiasmo al contrato. ¿Puede el sexo ser un terreno de pactos claros, señales unívocas, deseos no contradictorios y sujetos que siempre saben lo que desean? ¿No será precisamente la sexualidad un territorio que hace naufragar los presupuestos más ingenuos, más inverosímiles, más narcisistas y, por cierto, más *masculinos* de la modernidad? ¿Es la transparencia del sexo condición de la libertad sexual?

Esta constante apelación al pacto explícito de la actual cultura del consentimiento no puede sino ser confrontada por parte de los feminismos que de un modo u otro mantienen una conversación con el psicoanálisis. El optimismo neoliberal de un sexo perfectamente claro es del todo incompatible con las perspectivas que vinculan el deseo con lo inconsciente y, por tanto, la sexualidad con el no saber. Katherine Angel lo expresa brillantemente: «El consentimiento, y su equiparación con la claridad absoluta, cargan el peso de la interacción sexual en el comportamiento de la mujer, en lo que ella quiere, en lo que pueda saber y decir sobre sus deseos, en su capacidad para ejercer un yo sexual seguro de sí mismo. [...]. Pobre de aquella que no se conozca a sí misma».[1] Detrás de las actuales doctrinas del consentimiento se nos están encomendando deberes a unos y a otras: a los hombres se les exige que pregunten; a nosotras, que sepamos contestar. Pero ¿es esto más liberador? ¿No carga esto un enorme peso en la mujer? ¿A quién beneficia realmente esta obligación de ser sujetos autotransparentes ante el derecho y la ley? ¿Podremos cumplir esa exigencia? ¿Y queremos acaso hacerlo? ¿Tenemos las mujeres que saber siempre lo que queremos y quererlo sin ninguna ambigüedad? ¿Estamos dispuestas a aceptar ese peaje como requisito para estar a salvo de la violencia sexual?

1. K. Angel, *op. cit.*

El protagonismo del deseo

Ahora bien, se nos podría responder que hoy en los discursos de la sexualidad sí estamos hablando del deseo. ¿No ocurre, de hecho, que el deseo es mentado en todas partes? Es más, a pesar de que por todos lados se afirma que el consentimiento se ha vuelto protagonista, que por fin ha llegado a las leyes, que está en el centro, parecería mucho más apropiado decir que lo que está permanentemente en la escena es más bien un discurso sobre el deseo. Si prestamos atención a nuestra conversación actual, si nos fijamos en el murmullo, si observamos los discursos que van ganando protagonismo, hay algo muy evidente. Entre los *posts* de feminismo de Instagram o los consejos sexuales de las revistas, la palabra «deseo» no hace más que aparecer. Lo que se quiere animar a expresar en esta cultura tan apegada a la *comunicación* sexual... ¡es precisamente el deseo! La invitación que se nos hace es a conocer nuestros deseos, a compartirlos, a verbalizarlos, a *liberar* nuestro deseo. Es esta insistente apelación al deseo la que se abre paso a través de los debates sobre el consentimiento, y no pocas feministas defienden que hay que superar el marco del consentimiento –este es insuficiente, se dice– para hacer algo más ambicioso: perseguir nuestro deseo. «¿Consentimiento? mejor hablemos de deseo...»,[1] reza una de tantas páginas web feministas. Podemos encontrar decenas de ellas que apuntan en esa dirección. «No se trata solo de consentir, sino también de desear», afirma Leticia Dolera en una entrevista. Ana Requena lo expresa aún más claramente en un capítulo de su libro *Feminismo vibrante*: «"Consentir" no puede ser nuestro verbo, necesitamos ir más allá [...] dejemos atrás el consentimiento y pasemos a hablar de deseo».[2]

El nuevo paradigma del consentimiento está haciendo del deseo el protagonista. Se presenta como una superación de otro sentido de consentir ligado a la idea de voluntad. Estamos, se dice, dando un paso más allá. Hoy no se trata solo de decir lo que las mujeres consentimos, sino que nuestra época está preparada para escuchar lo que *deseamos*. Es más, de un tiempo a esta parte, se dice que una relación *no*

1. <https://hablemosdefeminismo.com/consentimiento-mejor-hablemos-de-deseo/>.
2. Ana Requena, *Feminismo vibrante. Si no hay placer, no es nuestra revolución*, Roca Editorial, Barcelona, 2020.

deseada –no solamente no consentida– es una forma de violencia sexual y así se escucha cada vez más hablar de besos «no deseados» o fotos sexuales «no deseadas» como ejemplos de lo que el derecho debe denominar «agresión». El deseo está siendo investido como el auténtico criterio contra la violencia sexual y se está convirtiendo en la verdadera vara de medir para distinguir el sexo de la violencia. La noción de «consentimiento entusiasta», una fórmula asentada en los discursos contemporáneos oficiales –desde la web de la ONU hasta algunas legislaciones la incluyen ya–, expresa bien cómo hoy, para considerar que el consentimiento es verdadero, le exigimos que venga acompañado por el deseo.

Este giro deseante de la actualidad avanza en detrimento de la voluntad. Los nuevos discursos sobre el consentimiento vierten una sospecha contra la voluntad: la voluntad de la prostituta, de la actriz porno, de la sumisa masoquista parecen siempre estar afectadas por una falsedad. Consentir está oscurecido de manera constante por el considerable efecto del poder que los hombres ostentan sobre las mujeres. Por contra, al deseo parece asistirle una mística autenticidad. Allí donde una parte del feminismo carga las tintas contra la falsa conciencia, emerge un deseo femenino puro y libre de intoxicaciones patriarcales. Y es así como debe leerse el movimiento tectónico que implica el abandono del lema «no es no» y el paso al eslogan «solo sí es sí». Lo que hay detrás de esta supuesta preferencia por la afirmación (eso que hoy llamamos «consentimiento afirmativo») es la suposición, por una parte, de que las mujeres no están en condiciones reales de hacer valer su voluntad diciendo que no y, a la vez, la creencia de que el sí es más verdadero y auténtico porque es capaz de expresar el deseo. El tránsito del «no es no» al «solo sí es sí» no es hacia la afirmación –por eso algunos síes, como el sí de la prostituta, están acusados de falsedad–, sino un tránsito hacia una afirmación *deseante*. ¿Cómo saber lo que en realidad quieren las mujeres? Poniendo en duda una voluntad siempre potencialmente secuestrada y dando paso a un deseo genuino y veraz.

Ese deseo que se sabe

Así pues, como afirma Katherine Angel, en nuestros discursos actuales sobre la sexualidad «el consentimiento se confunde con el disfrute, el placer y el deseo».[1] Ahora bien, al ligar el deseo al consentimiento y, por lo tanto, a las condiciones que exige todo pacto, el deseo ha de ser algo que se conoce. Si bien nuestra sociedad habla siempre del deseo, lo hace desde el paradigma de la transparencia, el lenguaje y el acuerdo explícito. El deseo al que apelan hoy los actuales discursos del consentimiento es algo que se sabe, que se puede nombrar y comunicar, que puede, en definitiva, ser objeto de un contrato. «En los últimos años han aflorado dos requisitos para el sexo satisfactorio: consentimiento y autoconocimiento: [...] las mujeres deben tomar la palabra [...] y deben tomar la palabra con respecto a lo que quieren. También deben saber, por tanto, qué es lo que quieren.»[2]

«La retórica del consentimiento», dice Angel, «implica que el deseo está ahí, a la espera, perfectamente formado en nuestro interior, listo para que lo saquemos. Pero nuestros deseos surgen de la interacción, no siempre sabemos lo que queremos, a veces descubrimos

1. K. Angel, *op. cit.*
2. *Ibid.*

cosas que no sabíamos que queríamos; a veces descubrimos lo que queremos solo cuando lo hacemos. Hay que incorporar esto –que no siempre sabemos y no siempre podemos decir lo que queremos– a la ética del sexo, no apartarlo como algo molesto.»[1] Frente a este intento de cubrir con el saber todo el sexo, es preciso defender que la sexualidad no podrá ser nunca iluminada por entero y que declararle la guerra al desconocimiento es declararle la guerra al deseo. «El desconocimiento», dice Butler, «es inseparable de la sexualidad misma.» De hecho, «¿quién tendría sexo si realmente pudiera conocer por adelantado exactamente cómo va a ser?».[2] Si el feminismo quiere ampliar la libertad sexual de las mujeres, debemos primero conquistar nuestro derecho a explorar, es decir, a buscar eso que no se sabe.

La profunda complejidad del consentimiento, negada y obviada por el discurso oficial, descansa justamente aquí. Si, como dice Butler,

1. *Ibid*.
2. Judith Butler, «Consentimiento sexual. Algunos pensamientos sobre el psicoanálisis y la ley», *Columbia Journal of Gender and Law*, vol. 21, núm. 2, 2011. Traducción de Laura Contrera, Florencia Gasparín, Lucas Morgan y Nayla Vacarezza.

«no siempre sabemos qué tipo de sexo obtendremos cuando acordamos tener sexo», debemos admitir que, en algún sentido, *consentimos sin saber*. De nuevo, ningún fetichismo de la afirmación ni ningún intento de convertir el sí en una especie de palabra mágica resuelven en nada este problema. Decir que sí no aclara el sexo: «[...] a veces, al decir "sí", nos disponemos a una experiencia que es desconocida».[1] Por muchos intentos que hagamos de que ese sí sea explícito, por mucho que repitamos que el consentimiento estará claro cuando la ley exija un sí incluso verbal, nada nos libra de la ambigüedad de lo que vendrá. «Si disponerse a lo desconocido es parte de la exploración sexual y de la experimentación sexual, entonces ninguno de nosotros comienza siendo un individuo enteramente autoconsciente, deliberado y autónomo cuando consiente.»[2] El feminismo lleva décadas trayendo a escena la vulnerabilidad y criticando una idea de independencia masculina y neoliberal. Esta es una de sus mayores potencias políticas. Se trata de hacer visible que el avance del pro-

1. *Ibid.*
2. *Ibid.*

yecto social del capitalismo tiene delante de sí una gran mancha, un obstáculo que hay que derribar: la contingencia que atraviesa a todo encuentro humano y la interdependencia de toda relación social. Pues bien, si el sexo contiene esa incómoda verdad es porque, frente a los manidos discursos del empoderamiento *selfish*, nos expone a la vulnerabilidad que implica necesitar al otro para descubrir algo de nosotros mismos. En el terreno de la sexualidad, esto requiere comprometernos con la crítica a la supuesta estabilidad e inmutabilidad del sujeto de la doctrina clásica. El sujeto no preexiste a la relación social, sino que se configura a través de ella. O, lo que es lo mismo, no somos los mismos antes que después de entrar en relación con el otro, no somos átomos impasibles e impermeables, sino un producto de la interacción. Como expone con gran acierto Butler, «el consentimiento se basa en la presunción de un individuo estable [pero] ¿qué pasa con ese marco si mantenemos la perspectiva de que el "yo" que consiente no necesariamente se mantiene igual en el curso de su consentimiento?».[1] La gran dificultad del con-

1. *Ibid.*

sentimiento que ninguna perspectiva crítica puede obviar es que, al imponer a la sexualidad el marco liberal del contrato, hacemos *como si supiéramos* lo que consentimos cuando, en realidad, consentimos sin saber.

Consentir no es desear

Si desear no implica saber, si el deseo siempre desborda los límites de un contrato, entonces consentir no es desear. Las mujeres podemos aceptar tener determinadas relaciones sexuales sin ser objeto de coacción, pero es imposible prever si eso a lo que decimos que sí conectará con nuestros más profundos deseos o no. Más allá de la no violencia, el sexo puede ser insípido, anodino, mecánico o incluso desagradable. Y por eso, como Angel ha sugerido, es preciso distinguir el sexo consentido del «buen sexo», lo que, sin duda, conlleva también la necesidad de distinguir entre un sexo no deseado y la violencia sexual. Podemos y debemos legislar para que las relaciones sexuales sean consentidas, es decir, no impuestas a la fuerza, pero –¡no seamos ingenuos!– ninguna regulación penal puede garantizar el deseo. «El consentimiento no debe fusionarse con el deseo sexual [...], y no porque debamos renunciar al sexo satisfactorio, sino precisamente porque no debemos hacerlo.»[1] No hay mayor fe en el contractualismo que creer que un sexo verbalizado y pactado es una garantía de placer.

Y así como podemos consentir sin que eso implique a nuestro deseo, podemos también desear sin que haya habido consentimiento. La película francesa *Elle*, dirigida por Paul Verhoeven y protagonizada por Isabelle Huppert, aborda esta cuestión desde un ángulo muy incómodo para ciertas perspectivas hoy hegemónicas. La historia comienza con una agresión sexual y, además, extremadamente violenta. Un desconocido encapuchado viola en su propia casa a Michèle, una mujer poderosa, una ejecutiva agresiva, dueña de una empresa de videojuegos. Si el filme plantea algo turbador es porque lo que, sin el menor rastro de dudas, ha sido un sexo con violencia deviene, a medida que avanza la película, algo fantaseado y *deseado* por Michèle. La protagonista vuelve a encontrarse con su violador para

1. K. Angel, *op. cit.*

recrear lo sucedido y acaba convirtiéndose en su principal cómplice y encubridora. Esa inicial agresión sexual, claramente *no consentida* por ella, es, no obstante, *deseada* de forma inesperada porque conecta con las fantasías ocultas de Michèle. Ella, que es y quiere seguir siendo una mujer independiente y poderosa en su vida laboral, tiene deseos de ser dominada en el terreno sexual. ¿Cómo podría seguir siendo esto identificado jurídicamente como una agresión si hiciéramos del deseo el criterio? Si el consentimiento ha de ser *superado*, podemos decir que una relación consentida pero no deseada sigue siendo una agresión sexual. Ahora bien, la cara B de esta posición es asumir que no habría legitimidad ninguna para que la ley penalice como un delito lo que le ha ocurrido a Michèle.

Lo interesante de la película *Elle* es que, además del deseo, va a emerger también la voluntad de Michèle y lo hará, precisamente, contrariando sus fantasías y oponiéndose a ellas. El punto de inflexión de la historia llega en el momento en el que Michèle toma la decisión de denunciar a su violador y elige anteponer a su propio placer la consideración de que no es correcto violentar la voluntad (tanto la suya como la de las otras mujeres a las que su asaltante podría hacer lo mismo que a ella). ¿Puede Michèle tomar una decisión contraria a su deseo y ser, sin embargo, libre? ¿Puede, si elige con la voluntad, seguir siendo ella quien decide? ¿Es más falso su querer cuando elige con la voluntad que cuando desea? ¿Cuándo es Michèle un sujeto libre: cuando libera su deseo o en el momento en que actúa más allá de él? La conclusión del filme es que si queremos conservar la noción jurídica de violación, esta solo puede ser entendida como una vulneración de la voluntad, no como una violación del deseo.

Si la película de Verhoeven es tan incómoda y tan necesaria es porque pone a una sociedad patriarcal ante uno de sus peores fantasmas: una mujer deseante que además desea *mal*. Si algo ha sido tratado como una amenaza son los deseos incivilizados de las mujeres. Los hombres pueden tener deseos oscuros, los nuestros han de ser siempre luminosos. Es contra esa exigencia de virtud moral contra la que escribe el marqués de Sade, un personaje terrorífico por muchas cosas, pero también, sin duda, por violentar nuestra imaginación sexual, por secularizar a las mujeres, por recordar que pueden tener deseos violentos, abusivos, pedófilos, es decir, deseos peligrosos para ellas y para los demás. ¿Qué ha de hacer, por tanto, el feminismo contra una cultura patriarcal que ha exigido a las mujeres tener un deseo santo? ¿Qué es *liberar* nuestro deseo? ¿Vamos a liberarlo solo bajo la condición de que sea bello y bueno? Como dice Amber Hollibaugh: «Debemos vivir con el peligro de nuestros deseos reales».[1] Para que las mujeres imaginen y fantaseen fuera de los tradicionales estereotipos masculinos y, por supuesto, sin culpas ni castigos sociales hace falta reivindicar que los deseos de las mujeres son al menos tan complejos e insondables como los de los hombres. Detrás del intento de solapar el consentimiento y el deseo se esconde en realidad un nuevo puritanismo que, lejos de ampliar los márgenes del deseo femenino, hace descansar en nosotras el deber de tener deseos correctos.

Frente a la reivindicación naíf del deseo de ciertos discursos del consentimiento, hace falta recordar que nunca deseamos bien, que ja-

1. Amber Hollibaugh, «El deseo del futuro: la esperanza radical en la pasión y el placer», en Carol Vance (ed.), *Placer y peligro. Explorando la sexualidad femenina*, Talasa, Madrid, 1989. Traducción de Julio Velasco y María Ángeles Toda.

más deseamos como queremos, que nuestros deseos nunca se atenderán ni a normas morales ni a programas políticos. Si salimos del voluntarismo masculino y de la ficción neoliberal de un sujeto hecho a sí mismo, deberemos asumir entonces el problema en toda su dificultad: el deseo no se elige a voluntad y, como recuerda Butler, está profundamente atravesado por el poder. Y, por eso, si las mujeres tenemos derecho a desear sin límites, debemos tener también el derecho a no seguir siempre nuestros deseos. Santiago Alba Rico ha explicado muy bien esta cuestión. En su excelente texto «La voluntad y el deseo. El dilema feminista»[1] recuerda que «una mujer que dice voluntariamente "quiero" contra su deseo no es una mujer violada ni una esclava sexual». A la vez, Alba Rico argumenta de forma magistral que distinguir el deseo del consentimiento es la condición indispensable para poner a resguar-

1. El texto citado de Santiago Alba Rico, que se encuentra tanto online como integrado en su obra *Todo el pasado por delante* (La Catarata, Madrid, 2017), es fundamental para las reflexiones aquí implicadas. La gran mayoría de las ideas importantes recogidas tanto aquí como en diversos artículos de opinión son fruto de las conversaciones que Santiago Alba y yo llevamos años manteniendo sobre el asunto del consentimiento, un problema teórico cuyo abordaje, por mi parte, le debe mucho a esta amistad intelectual.

do no solo la validez de los síes que algunos feminismos quieren cuestionar, sino también la de algunos noes que el machismo quiere invalidar. Como muestra la película *Elle*, una mujer puede decir «no» al sexo aunque lo desee y, si ese «no» es vulnerado, en modo alguno el deseo cambiaría nada sobre la necesidad de llamar a eso «violación», a pesar de lo que dicen «muchos de nuestros magistrados (que siguen auscultando signos desiderativos y consentimientos corporales en el cuerpo de la víctima que ha dicho "no")».[1] En un sentido jurídico, cuando se viola a una mujer no se viola su deseo, se viola su voluntad. Ahora bien, eso que llamamos «voluntad» y que es, como decimos, imprescindible para el derecho no abarca la complejidad de nuestro querer, no contiene *todo* lo que queremos. El problema al que nos arroja el consentimiento y su regulación es que la libertad sexual de las mujeres requiere tanto de una ley que reconozca nuestra voluntad como de una ley que no pretenda conocer nuestro deseo.

1. *Ibid.*

Una contradicción solo aparente

La bisagra entre el feminismo de la dominación y el neoliberalismo sexual se encuentra precisamente aquí: en este intento de unificación del deseo y el consentimiento. De hecho, este propósito de *superar* el consentimiento por el deseo ya lo invoca la propia MacKinnon. Forma parte sustancial del pensamiento abolicionista impugnar el contrato de la trabajadora sexual afirmando que una prostituta puede consentir, pero que, en realidad, consiente lo que no desea y que eso vuelve ilegítima su elección porque la ubica en el terreno de una cesión.[1] Una vez que ha puesto en duda el consentimiento, una vez anulada la voluntad, este tipo de feminismo hace emerger un deseo femenino puro y prístino (bueno, bello, alejado de

1. Con respecto a este argumento hace falta decir que, si bien parece razonable presuponer que a un sexo contratado a cambio de dinero no siempre le acompañe el deseo, el trabajo sexual no es el único caso en el que las mujeres deciden tener relaciones sexuales por otras razones que el placer sexual. Concebimos sin mayor problema la posibilidad de tener sexo sin deseo, por ejemplo, cuando lo hacemos para quedarnos embarazadas, y ahí no parece ponerse en duda que sigue siendo la mujer quien decide autónomamente tener esa relación sexual. ¿Es que se reconoce nuestra autonomía para tomar decisiones más allá de nuestro deseo si se trata de ser madres pero no si se trata de ganar dinero?

todo poder) que se vuelve la verdadera vara de medir la violencia sexual. En el contexto del caso de La Manada, esta perspectiva moral apareció en algunos discursos feministas que afirmaban que si se trataba indudablemente de una violación era porque «ninguna mujer desearía jamás tener sexo en un portal con cinco hombres desconocidos». Por lo visto, para una parte del feminismo, las mujeres siempre tenemos deseos mesurados y civilizados y, por tanto, estamos de acuerdo con nosotras mismas, es decir, siempre consentimos lo que deseamos.

A la postre, este tipo de perspectivas solo pueden acabar reforzando una cultura patriarcal que ha controlado la sexualidad censurando y estigmatizando nuestros deseos. Pero lo que resulta aún más peligroso es que, al movernos en el terreno penal, la exigencia de desear *bien* –esto es, que consintamos deseando siempre– es una exigencia que se le podría estar permitiendo hacer al Estado. Sostener que el deseo o el sexo deseado ha de ser el criterio fundamental con el que distinguimos lo que es una violación de lo que no lo es representa una manera de posibilitar a la ley exigir la transparencia y bondad de nuestro deseo. Y –¡ojo!– de convertir esa exigencia en un requisito a cumplir para poder ser protegidas de la violencia. Si no queremos que el Estado y la sociedad exijan a las mujeres tener solo deseos *buenos*, si no vamos a depositar en el deseo femenino (una vez más) la responsabilidad de civilizar el sexo, debemos entonces separar el deseo del consentimiento.

No se pretende poner en duda aquí que es un horizonte deseable que el consentimiento y el deseo coincidan. Pero nada ni nadie podrá salvarnos de la posibilidad de no elegir lo que deseamos o de no desear lo que elegimos. Tratar de resolver esa diferencia es un asunto del sujeto, pero no le compete a ninguna vanguardia feminista ni desde luego al Estado. No se puede querer salvarnos de eso sin pretender salvarnos de nosotras mismas, sin infantilizarnos, sin negar nuestra mayoría de edad. Y, al final, ese proteccionismo paternalista no puede sino convertirse en la versión más sádica de la ley, una que condiciona la validez de nuestra voluntad a la exigencia de nuestra coherencia psíquica interna. Tratar a las mujeres como mayores de edad implica respetar sus decisiones, por mucho que a toda decisión le acompañe siempre un margen de opacidad y ambivalencia.

Si consentir ha de ser sinónimo de desear, entonces un sexo no deseado, un sexo no satisfactorio o un *mal sexo* tienen entrada en el campo del delito. La unificación del deseo y del consentimiento no abre solo la puerta a una versión de la ley despótica con las mujeres, sino a una deriva penal expansivamente punitiva. Al final, la aparente contradicción entre el contractualismo sexual y los marcos del peligro no dibujan una disyuntiva real. En realidad, no hay tal incompatibilidad, su coexistencia es coherente. La convivencia entre la teoría de la dominación y el hipercontractualismo sexual es solo contradictoria en apariencia, pues hay un marco común: ambas posiciones comparten su negación de la sexualidad como intrínsecamente atravesada por la oscuridad y la inconsistencia.

Una vez anulada toda relación del deseo con lo inconsciente, aquello que podía poner en crisis el clásico marco moderno contractual –la opacidad de un sujeto atravesado por el no saber– ha sido borrado de la escena. Y así, un feminismo que decía ser una crítica antiliberal, como es el feminismo de MacKinnon, deviene una manera de abrirle la puerta al hipercontractualismo más feroz. Como afirma Butler:

«Podemos –como intentaron hacer las reglas de conducta sexual del Antioch College– hacer de cada acto sexual algo discutible entre dos personas por adelantado. En momentos así, la ley ha permeado el encuentro sexual, la ley ha empapado nuestro discurso.»[1] Es precisamente esta pretensión de convertir el deseo en algo iluminado y locuaz, el querer subsumirlo en el marco del contrato, lo que, justamente, abre la puerta a que el derecho penal se extralimite en su función. Despojar al deseo de su oscuridad permite a la ley entrar donde nunca debe: el campo de lo que es deseado y lo que no.

¿Qué significa el silencio?

Bajo la actual cultura del consentimiento, el clásico soberano autárquico, el sujeto masculino neoliberal, es hoy de nuevo un ideal restaurado, esta vez en nombre de las mujeres. Estamos ante una noción de deseo que parece poder satisfacer, sin mayores obstáculos, la pretensión propiamente moderna de la que habla Foucault –«Convertir el deseo, todo

1. J. Butler, *op. cit.*

deseo, en discurso»–[1] y que nos instala de lleno en una confianza exacerbada en el liberalismo. Sin embargo, como hemos venido diciendo, el sexo deseado no se consigue expandiendo la lógica del contrato a cada resquicio de nuestra vida sexual. Más bien al contrario, abrir un espacio para el deseo nos debe llevar a la pregunta acerca de dónde debería detenerse el derecho y cuáles han de ser los límites del contractualismo a la hora de legislar la sexualidad. La pregunta, por tanto, para los feminismos es cómo salvaguardar la validez de nuestros contratos –es decir, la mayoría de edad de las mujeres– y, al mismo tiempo, cómo no adoptar una política sexual que obligue al deseo a salir permanentemente a la luz y volverse el constante objeto de un pacto. Una cosa es que las mujeres *puedan,* en cualquier momento, decir lo que quieren; otra es obligarlas a *tener que* decirlo todo el tiempo. Ninguna exploración del deseo podrá tener cabida ahí.

La modelo, actriz y presentadora Genelia Deshmukh, que protagoniza un vídeo viral en el que habla sobre la importancia del consen-

1. M. Foucault, *op. cit.*

timiento, afirma con rotundidad que «"No" significa "no". "Tal vez" significa "no". "No sé" significa "no" y el silencio también significa "no"».[1] Este es, en efecto, uno de los principales mensajes que traslada el lema *only yes means yes*, a saber, que todo lo que no sea un clarísimo sí es un clarísimo no. Este espíritu clarificador también queda recogido en una campaña reciente de Amnistía Internacional que reza así: «Sí + sí = sí, sí + no = no, no + sí = no, sí + uhm = no, sí + no sé = no». El terreno completo de la sexualidad queda, por tanto, distribuido, o bien en el campo de lo que claramente queremos, o bien en el campo de lo que claramente no queremos. Y, como sostenía aquel lema de la ONU, no hay zonas borrosas, ni límites difusos ni terrenos ambiguos. Lo que ha desaparecido, con esta clarificación exhaustiva, es un territorio para el «quizás», el «no sé», el «ya veremos». Si el sí emite una voluntad nítida, el silencio hablaría con la misma contundencia y claridad.

Volviendo la vista a Judith Butler y a su apuesta por contextualizar la sexualidad, po-

1. <https://www.instagram.com/reel/Cn4op14Dm6r/?igs hid=YmMyMTA2M2Y%3D>.

dríamos decir que una mirada situada del sexo tendría que concluir que un silencio, al margen de las circunstancias particulares, no ha de ser ni un sí ni un no. Un silencio puede ser muchas cosas y el feminismo debe, de hecho, resguardar la posibilidad de que así sea. En el caso judicial de La Manada, el Tribunal Supremo argumentó que, en aquellas circunstancias, el silencio debía ser interpretado como un no. Pero, frente a ciertas visiones machistas, existe una diferencia sustancial entre decir que un silencio no debe servir a los hombres para presuponer la disponibilidad sexual de una mujer y afirmar que, al margen de todo contexto, significa siempre una negativa. No es de extrañar que esta sea la apuesta del feminismo norteamericano de la dominación; Andrea Dworkin, compañera de Catharine MacKinnon y la otra gran figura del activismo antipornografía, lo deja bien claro en un texto de 1984 titulado «Silence Means Dissent».[1]

Desde un punto de vista estrictamente jurídico, imponer un único significado al silencio

1. Intervención de Andrea Dworkin en un simposio sobre pornografía celebrado en Toronto en 1984: <https://rmott62.wordpress.com/2011/04/08/silence-means-dissent-andrea-dworkin-rip/>.

solo puede desembocar en un exceso punitivo. Desde un punto de vista filosófico, la pregunta por el significado del silencio no es, en modo alguno, una pregunta menor. Pretender que el silencio también sea locuaz, que siempre hable claro, que incluso exprese nítidamente algo, es llevar la clarificación del sexo hasta sus últimos confines. Y, de nuevo, si queremos abrir un espacio para el deseo tenemos que darle paso a la ambigüedad del no saber. Un silencio, en efecto, puede significar un no querer y también un sí. Pero tan importante como una cosa y la otra es que el silencio pueda revelar un querer ambiguo y tentativo, una búsqueda incierta y una exploración. Si las mujeres tenemos derecho a la indagación de nuestros propios deseos y los del otro, si nuestra sexualidad puede tener zonas oscuras y ambiguas, no nos liberará una cultura sexual que nos impida habitar el silencio sin imponer su significación.

Prohibido no saber

En marzo de 2023 la Fiscalía General del Estado emitía una circular para proponer a los jueces el modo en el que interpretar la nueva noción de consentimiento de la legislación española. El fiscal general, pretendiendo zanjar las posibles ambigüedades que podría presentar el nuevo modelo, afirmaba que «la incorporación al ordenamiento jurídico del modelo de "solo sí es sí" (*yes model*) determina que no puedan realizarse actos con significación sexual hasta que no se cuente con indicios objetivamente razonables del consentimiento de la otra persona». Y añadía a continuación: «Se consideran no consentidos aquellos actos de carácter sexual realizados por quien, a pesar de no obtener previamente dichos indicios, actúa de todos modos pretendiendo comprobar a través de la reacción suscitada del contrario (de la conformidad u oposición que despierta) si existe o no el consentimiento».[1]

Tomadas en sentido estricto, estas palabras prohíben, básicamente, que se pueda explorar lo que quiere la otra persona. Por una parte, se le exige al sujeto contar con indicios claros; por otra, se le prohíbe ir en busca de dichos indicios. Y es que, solo desde un hipercontractualismo feroz, el derecho podría arro-

1. <https://elpais.com/espana/2023-03-10/la-fiscalia-advierte-de-que-el-silencio-pasivo-ante-un-ataque-sexual-no-puede-interpretarse-como-consentimiento.html>.

garse la potestad de establecer que no es lícito ningún «acto de carácter sexual» que no parta ya de una certeza, que el sexo no puede ser tentativo, dubitativo, exploratorio, es decir, que *no está permitido no saber*. ¿Cómo podría un sujeto saber lo que otro quiere si no le está permitido explorarlo? La paradoja del consentimiento, que ha ido apareciendo una y otra vez de distintos modos, emerge aquí de nuevo para llevarnos a un callejón sin salida en el que el derecho nos pide una cosa y su contrario. Las directrices de la Fiscalía asumen tanto una visión neoliberal del sexo como un discurso del peligro. Y por eso exigen a los sujetos saber –¡y saber por completo!– pero, a la vez, prohíben todo contacto o aproximación que permita adquirir ese conocimiento. En otras palabras, exigen saberlo ya todo antes de toda interacción social. Una obligación que es, simplemente, imposible de cumplir. ¿Cómo averiguar qué es lo que otro sujeto quiere si no se puede explorar su reacción a esos acercamientos? Podríamos responder que la única opción que parece subsistir ante este mandato legal es hacer una pregunta verbal explícita, pero solo si asumimos antes algo sin duda discutible: que una mirada, un roce o un tocamiento no puede ser una manera tácita de preguntar o que una pregunta verbal no es también una manera de explorar y que, incluso, en ciertas ocasiones, una pregunta directa puede ser incluso más intrusiva que un gesto. La cuestión de fondo es que cualquier aproximación sexual (sea gestual o verbal) parte de un no saber y, por tanto, que todo acercamiento sexual implica asumir un cierto riesgo. El riesgo de no ser deseado por el otro, de desear cosas distintas al otro, de no haber leído bien las señales, de toparse con cierta incomprensión mutua, de no haberse entendido bien. La cuestión es que el sexo es siempre exploratorio, que nunca podemos saber lo que el otro quiere sin iniciar un intercambio de acciones mutuas y reacciones recíprocas. Y, por cierto, que, en todo caso, podemos, si escuchamos, saber *algo* de lo que el otro quiere, pero nunca saberlo del todo. En última instancia, lo que es sobrante en estas perspectivas es justamente aquello que desborda y excede a todo contrato posible: que desconocemos el deseo del otro y también el nuestro, que a veces no sabemos lo que deseábamos hasta que lo hacemos, que nuestros deseos no son previos al encuentro con otro, sino que surgen de la interacción.

Una visión neoliberal del sexo es aquella que ignora que tratar de erradicar el *no saber* del sexo es un intento de borrar de la ecuación la opacidad y, por tanto, también el deseo. Ese intento será inevitablemente fallido pero, por el camino, el verdadero riesgo es investir al derecho y a la ley como autoridades que tienen legitimidad para pretender lograrlo y que estarán, por tanto, autorizados por la sociedad para extralimitarse en su poder.

4. Los límites del consentimiento

> La claridad del consentimiento es la norma, pero el significado del consentimiento sexual no está nada claro [...], en realidad encubre una lucha entre varias miradas sobre cómo debe ser el sexo, sus beneficios y daños, y el papel del derecho penal en su regulación.
>
> AYA GRUBER

Existe hoy un debate global acerca del lugar que ocupa la política penal en la construcción de la ciudadanía en el siglo XXI. El sociólogo Loïc Wacquant es uno de los principales referentes de una reflexión crítica sobre el actual avance de los sistemas de castigo en las democracias liberales. Su tesis es que la expansión del sistema penal es una característica esencial de la actual fase del neoliberalismo. Ante el retraimiento del Estado de bienestar y los sistemas de protección social, así como el aumento de la incertidumbre y la inseguridad, los Estados prometen la paz y el orden a través del endurecimiento de los sistemas de castigo, sistemas que, a su vez, se están dirigiendo contra las poblaciones más pobres y vulnerables. En Estados Unidos, diversos teóricos y teóricas, principalmente provenientes de los estudios legales críticos y el antirracismo, llevan años poniendo sobre la mesa la necesidad de reflexionar sobre el avance del sistema carcelario. No señalan solo la agenda de Trump, sino también las políticas que en las últimas décadas ha puesto en marcha el *neoliberalismo progresista*, a menudo en nombre del feminismo y las políticas LGTBI. Ni Europa ni el Estado español son una excepción a esta regla. Como dice Ignacio González Sánchez, «hoy tenemos más policías y más personas presas que hace cincuenta años, y un Código penal más duro que el vigente cuando Franco murió».[1]

El debate sobre el consentimiento y las actuales reformas penales que se llevan a cabo

1. Ignacio González Sánchez, *Neoliberalismo y castigo*, Bellaterra, Manresa, 2021.

en su nombre debe entrar en diálogo con esta cuestión de época. Son justamente este tipo de delitos, los de violencia sexual, los que en las democracias actuales desencadenan con mayor facilidad la demanda social de fuertes castigos. Y la violencia sexual contra las mujeres es, muy a menudo, la baza perfecta de las derechas y las extremas derechas para reforzar las políticas penales, para criminalizar a poblaciones migrantes y defender la prisión permanente o la pena de muerte. Cómo abordar hoy, en nuestro presente político, la violencia sexual; qué discursos construir sobre ello y qué políticas poner en marcha son cuestiones sensibles y delicadas a las que nos enfrentamos desde los feminismos. En ello nos jugamos la posibilidad de escapar a los marcos de las derechas o nos arriesgamos a caer por entero dentro de ellos, colaborando así, quizás inadvertidamente, en el avance de sentidos comunes punitivos que estarán siempre al servicio del avance de las fuerzas reaccionarias.

Aya Gruber, penalista estadounidense del ámbito de los estudios legales críticos y antirracistas, denuncia el problemático papel de las nuevas leyes del consentimiento afirmativo en el endurecimiento de la política carcelaria. Su libro *The Feminist War on Crime* analiza cómo algunas feministas, en su afán por garantizar la protección de las mujeres frente a la violencia y la violación, «se han convertido en soldados de la guerra contra el crimen y contribuyen al encarcelamiento masivo».[1] Gruber advierte de que «el sistema de justicia penal no ha promovido la agenda feminista. Más bien, el feminismo ha promovido la agenda de la justicia penal»[2] y nos invita a pensar cómo oponernos a la violencia contra las mujeres sin reforzar el estado carcelario.

El debate, hoy avivado, viene de lejos. Dentro de las disputas que han recorrido los feminismos a la hora de pensar el sexo, ha habido una profunda discrepancia en el papel de la ley y los excesos de la regulación. Desde el comienzo de los debates en los años ochenta, una parte del feminismo identificó una expansión peligrosa de la política penal en las propuestas de Catharine MacKinnon. Las leyes

1. Aya Gruber, *The Feminist War on Crime. The Unexpected Role of Women's Liberation in Mass Incarceration*, University of California Press, Oakland, 2020.
2. Aya Gruber, «Rape, Feminism and the War on Crime», *Washington Law Review*, núm. 84, 2009.

del «solo sí es sí», aprobadas en los últimos años tanto en el Estado español como en otros países de Europa, están directamente influenciadas por los avances legislativos que a lo largo de las últimas décadas han ido tomando cuerpo en Estados Unidos y suelen incorporar una redefinición *positiva* del consentimiento que supone endurecimientos penales y la ampliación de las conductas delictivas.[1] Como comentamos en páginas anteriores, la defensa de estas reformas suele venir acompañada de argumentos con una cierta dosis de doblez y ambivalencia. Por un lado, se defiende la necesidad de estas leyes bajo el argumento de que el consentimiento afirmativo, clarísimo y comúnmente comprendido por todos es fácil de incorporar a las leyes porque, de hecho, consentir de forma consensuada y explícita ya

---

1. En relación con la Ley Orgánica de Garantía Integral de la Libertad Sexual, cuya primera versión fue aprobada en 2022, los informes de la judicatura progresista advirtieron sobre un aumento penal global. La asociación de Jueces y Juezas para la Democracia, en su «Comunicado de la Comisión de Penal» del día 16 de febrero de 2021, señaló «un endurecimiento de un marco penal ya muy severo», y el Grupo de Estudios de Política Criminal advirtió, en la misma línea, que «la respuesta penal se ha endurecido en un marco en el que las penas ya estaban sobredimensionadas tras sucesivas reformas del Código Penal».

forma parte de nuestra cultura sexual cotidiana. Bajo esta perspectiva, las leyes deben reconocer lo que sin mayor problema ya ocurre en la sociedad y estaría legitimado castigar a quienes las incumplan en la medida en la que, siendo algo tan fácilmente observable, quien no requiera el consentimiento lo hace a sabiendas. Este argumento convive, no obstante, con su contrario, el que afirma que, en una sociedad patriarcal, el consentimiento es permanentemente ignorado y, por lo tanto, las leyes del «solo sí es sí» vienen a cambiar la cultura sexual por completo y a educar a la sociedad en un nuevo paradigma. Este es, de hecho, el argumento de la propia MacKinnon, para quien «el sentido real de la ley no es el encarcelamiento o la indemnización por daños, sino su cumplimiento, también conocido como socialización o educación legal».[1] En otras palabras, estamos ante lo que Agustín Malón denomina acertadamente un «papel pedagógico y moralizador del Código penal sexual», que hace del castigo un modo de educar y transformar a la sociedad.

1. Catharine MacKinnon, «Rape redefined», *Harvard Law & Policy Review*, vol. 10, núm. 2, 2016.

No debería sorprendernos que muchas feministas contrarias a las actuales políticas del consentimiento estén señalando, como hace Janet Halley, que hay un feminismo que «está utilizando la criminalización como primer recurso, y no como el último, para lograr el cambio social».[1] Halley, ubicada en el ámbito de las teorías *queer* y próxima a las perspectivas de Gayle Rubin, comparte con esta la idea de que, precisamente desde una posición feminista, debemos tener siempre una sospecha crítica hacia la regulación de la sexualidad. En su influyente ensayo «Thinking Sex. Notes for a Radical Theory of the Politics of Sexuality», Rubin defiende que, durante ciertas épocas de la historia, los seres humanos entramos en periodos de reordenación de la esfera sexual, momentos que producen leyes, instituciones y normas que rigen la sexualidad durante las siguientes décadas.[2] Para Halley, el movimiento hacia el consentimiento afirmativo debe considerarse como parte de una transformación de

1. Janet Halley, «The Move to Affirmative Consent», *Signs*, vol. 42, núm. 1, 2016.
2. Gayle Rubin, «Thinking Sex. Notes for a Radical Theory of the Politics of Sexuality», en Richard Parker y Peter Aggleton (eds.), *Culture, Society and Sexuality*, Routledge, Londres, 2007.

fondo de este tipo, un giro conservador relacionado con el mantenimiento del orden sexual hegemónico del que las mujeres serán, muy probablemente, las principales perjudicadas. En este sentido, Halley responde a quienes piensan que ciertos excesos punitivos son el precio que hay que pagar si queremos proteger a las mujeres de la gran cantidad de formas de violencia a las que nos expone un mundo patriarcal. Sin duda, la violencia de género y la violencia sexual existen de forma insidiosa y persistente, y muchas de sus manifestaciones requieren la intervención del Estado y de la ley penal. Sin embargo, somos nosotras las principales interesadas en no convertirnos en lo que Butler llama «partisanas de la legislación». Solo una visión ingenua y, en el fondo, dudosamente feminista podría olvidar que el principal objetivo de la regulación de la sexualidad en una sociedad patriarcal ha sido siempre el disciplinamiento sexual de las mujeres. Y que, por tanto, un Estado con posibilidad de extralimitarse en su poder tendrá más autoridad para usar la ley contra nosotras. Como dice Aya Gruber: «Las feministas a menudo asumen que la prohibición penal del sexo no comunicativo se aplicará solo a los hombres».[1] No es verdad. Si el feminismo pone en manos del poder judicial herramientas más castigadoras para legislar la sexualidad, no tengamos ninguna duda de que veremos también a mujeres –y justamente a aquellas que se desvíen de las prescripciones sexuales patriarcales– siendo juzgadas con esas mismas herramientas.

El sentido de consentir

Uno de los actuales retos de los feminismos es pensar cuál es el sentido de *consentir*. A lo largo de la historia del feminismo, el significado del concepto de consentimiento no ha sido un punto de encuentro, acuerdos y evidencias, sino más bien el campo de batalla de dos proyectos políticos contrapuestos. ¿Qué sentido de consentir es el que hoy estamos defendiendo? ¿Qué modo de entenderlo estamos incorporando a la ley? ¿Estamos avanzando en reconocer el valor del consentimiento de las mujeres o estamos caminando, por el contra-

1. Aya Gruber, «Consent Confusion», *Cardozo Law Review*, núm. 38, 2016.

rio, en otra dirección? Lo que en estas páginas hemos tratado de argumentar es que los actuales discursos del consentimiento están incorporando dos premisas que pueden abrirle la puerta tanto a una expansión de la respuesta penal como a una moralización del sexo. Por un lado, estamos asumiendo una identificación del poder con la violencia, a partir de la cual el consentimiento, anulado por una fuerza omnipresente, solo puede ver estrechada su validez. Dentro de las coordenadas del feminismo de la dominación, el consentimiento aparece ya siempre herido de muerte. Por otro lado, estamos asumiendo una identificación del consentimiento y el deseo, por la que este último, bajo la exigencia neoliberal de su transparencia, deviene el guardián de la ética sexual. Todos los riesgos de la ley –esto es, que se torne despótica y paternalista, que se arrogue la autoridad para determinar lo que es un buen sexo y que se exceda en su autoridad para castigar– están sobre la mesa una vez que hemos asumido estas dos premisas.

Sobre el poder y el deseo

No podemos acabar estas páginas sin hacernos algunas preguntas aún pendientes con respecto al poder –que hemos querido diferenciar de la violencia– y el deseo –que hemos querido separar del consentimiento–. La primera diferenciación suscita algunas dudas: ¿la defensa de la distinción jurídica del poder y la violencia implica que comulgamos con la doctrina del consentimiento del pensamiento clásico liberal? ¿No hay algún elemento de la crítica antiliberal de MacKinnon que debería tenerse en cuenta? ¿Es que acaso vamos a renunciar a pensar en las desigualdades de poder como un obstáculo para la libertad? Las feministas debemos hacer una crítica al liberalismo clásico porque, en efecto, en un mundo patriarcal, los hombres tienen más poder que las mujeres y estamos –qué duda cabe– en condiciones de desigualdad a la hora de hacer pactos y contratos. Ahora bien, hay dos modos muy distintos de no ser ingenuamente liberales. Uno de ellos es recordar que la libertad tiene condiciones materiales y que no se trata tan solo de defender que las mujeres pueden realizar formalmente contratos, sino también de combatir una desigualdad estructural que limita nuestra libertad real para firmarlos. Combatir la pobreza femenina, la precariedad, la desigualdad laboral, las leyes de extranjería, la transfobia o las diferentes expresiones del sexismo de nuestra sociedad nos hacen más libres a la hora de decir «sí» o «no» en el terreno del sexo. Comprometernos con el consentimiento, es decir, hacerlo con la libertad de las mujeres para decir «sí» o «no», debería implicar nuestro compromiso de batallar contra esos obstáculos. Pero eso es justamente todo lo que queda sin hacer cuando se identifica el poder con la violencia y cuando, por tanto, se pretende combatir las desigualdades de poder a través de delitos y penas. Esta distinción conlleva asumir que con el derecho penal nos enfrentamos *solo a la violencia* y que la política penal no es el camino para combatir la desigualdad que produce el poder. Hay un feminismo que solo sabe ser crítico con el liberalismo cogiendo el atajo fácil, esto es, negando la libertad de las mujeres e invalidando nuestros contratos. Hay otro que apuesta por nuestra emancipación, con la certeza de que tenemos una doble tarea: por una parte, no aceptar bajo ningún concepto la negación de nuestra voluntad jurídica y reivindicar que nuestros contratos deben ser válidos; por otra, trabajar por ampliar los márgenes de nuestra libertad y enfrentarnos a unas desigualdades de poder que el derecho penal nunca enmienda. Si algo es acríticamente neoliberal, es tratar de resolver el problema del poder a través del castigo. Esa es, justamente, la falsa promesa que está contribuyendo a ocultar el retraimiento de las políticas económicas, redistributivas, culturales y educativas en la actual deriva punitiva de nuestras sociedades. Si las izquierdas, a diferencia de las derechas, no han apostado históricamente por el castigo como vía principal para abordar los problemas sociales, es porque sabemos que una estructura social –y el patriarcado lo es– nunca será juzgada en la sala de un tribunal y porque el derecho penal, que siempre individualiza la culpa y la exterioriza con respecto al cuerpo social, es una herramienta ineficaz para combatir las desigualdades estructurales de poder.

Caben, en segundo lugar, las preguntas sobre el deseo. ¿Qué implica separarlo del consentimiento? ¿Quiere eso decir que el deseo no debe tenerse en cuenta? ¿No deberíamos acaso esperar que, a pesar de todas las dificultades, aunque no sea fácil sino difícil, al otro le importe saber algo de mi deseo? ¿No es esta indagación una búsqueda hermosa y deseable? ¿No podríamos anhelar del otro que, además de tener mi consentimiento, aspire a que yo le elija también con mi deseo? Santiago Alba Rico ha planteado que a la sutura de toda brecha entre el «quiero» y el «deseo» –a esa forma de elegir lo que deseamos y desear lo que elegimos– bien podemos llamarlo «amor». Y amar no es solo algo deseable, es probablemente una de las mejores causas a las que encomendarnos. Ahora bien, el derecho tiene tan poco que decir sobre si tenemos sexo con amor como sobre si lo tenemos por dinero, por buscar quedarnos embarazadas o por vengarnos subjetivamente de un amor que nos ha traicionado. El problema de querer ampliar ilimitadamente aquello que las legislaciones pueden abordar es que podemos dejar de ver que, muchas veces, precisamente son las cosas más valiosas e importantes las que solo pueden existir más allá de la mirada de la ley. La indagación del deseo del otro, tan oscura, incierta e inacabable, forma parte del terreno de una ética de la sexualidad. Sin embargo, esta búsqueda se vuelve injusta, peligrosa y rechazable cuando intenta llevarse a cabo bajo amenaza de castigo penal. Y justamente en la medida en que la felicidad y el amor quedan fuera de lo que las leyes pueden abordar, quedan también fuera del ámbito penal muchas formas de infelicidad, desamor, traición, dolor y daño que a menudo atraviesan nuestra vida sexual. El sexo consentido puede ser no solo poco placentero o insatisfactorio, sino incluso profundamente doloroso, sin que ello tenga nada que ver con el terreno de la violencia sexual. Cuando el punitivismo deviene sentido común, los ciudadanos le encomiendan al derecho penal que sea la principal vía para resolver sus males. Pero esto, en lugar de hacer a nuestras sociedades más despiertas y atentas, asienta una ceguera colectiva para reconocer y nombrar aquellos daños sobre los que el derecho no tendría nada que decir y que, sin embargo, existen. Ni el trauma ni el daño coinciden siempre con los delitos y, por eso, una sociedad más justa siempre mantiene abierto un espacio de lo ético que va más allá de lo penal. Merece la pena subrayar la importante aportación de Clotilde Leguil en su búsqueda de una noción ética del consentimiento emancipada de la regulación penal. En su obra *Ceder no es consentir. Un abordaje clínico y político del consentimiento,*[1] Leguil recuerda que en el encuentro sexual existe permanentemente abierta la posibilidad de un daño o un trauma que puede no ser abordable en la sala de un tribunal y que, no obstante, nuestra sociedad tiene que poder escuchar y reparar de otros modos.

Luces y sombras del consentimiento

Todo lo que venimos diciendo tiene como conclusión que la figura del consentimiento tiene límites. No es una varita mágica que lo puede todo; es, más bien, una modesta herramienta jurídica que debemos defender aun cuando sepamos que solo de forma forzada e imperfecta puede ser un continente del sexo. No sirve para abordar el problema del poder, que necesariamente queda fuera y que, como problema político, nos sigue interpelando y reclamando nuestra intervención. No sirve para perseguir el deseo, que nunca podrá encontrar su espacio de existencia bajo la forma

1. Clotilde Leguil, *Ceder no es consentir. Un abordaje clínico y político del consentimiento*, Ned Ediciones, Barcelona, 2023. Traducción de Alfonso Díez.

del contrato. Pero constatar los límites del consentimiento no debería conducirnos, como algunos feminismos defienden, a invalidarlo, dejarlo atrás, estrecharlo o sustituirlo. Existe hoy un poderoso discurso oficial que sostiene que el consentimiento es la solución a todos los problemas y, a la vez, una trampa que deberíamos rechazar; que el consentimiento es facilísimo y, a la vez, dificilísimo. Este libro ha querido argumentar por qué es preciso discutir ambas cosas. Pensar de forma crítica es tanto defenderlo como considerar sus límites. El consentimiento es un continente precario para abarcar la sexualidad, pero, a la vez, es un concepto necesario. «Bella figura de nuestra complejidad humana, entre sombra y luz», como dice Fraisse, el consentimiento es tan irrenunciable como complejo. Debemos legislar la sexualidad para poner un límite a la violencia, pero tenemos también que permitir que esa legislación le deje un espacio al deseo. Debemos iluminar con claridad la imposición de la fuerza, pero salvaguardar asimismo ciertos espacios para la penumbra. Tenemos, frente al silencio impuesto, que defender la posibilidad de hablar, pero debemos combatir también la obligación de hacerlo todo el tiempo. Hay que reclamar que somos mayores de edad y que nuestros pactos sexuales son válidos, pero rechazar asimismo la religión neoliberal del contrato. Tenemos que asumir ambas cosas a la vez si no queremos hacer concesiones. Si esta sociedad va a prometer a las mujeres seguridad sexual a cambio de anular la interdependencia que comporta el sexo; si librarnos de la violencia va a implicar, como contrapartida, no poder atravesar la opacidad de nuestros deseos, ese pacto no merece la pena y debemos rechazarlo. Frente a ese proyecto político es preciso defender que las mujeres (y los hombres) podemos no saber lo que deseamos y tenemos derecho a ello, a dudarlo, explorarlo, descubrirlo. Incluso tenemos derecho a equivocarnos. Puede que, frente a los delirios de grandeza de una razón masculina que siempre pretende saberlo todo, lo más feminista sea recordar que, en efecto, desconocemos muchas cosas y sabemos poco de nuestros deseos. Puede que frente al neoliberalismo securitario debamos reivindicar que, justamente para explorar, queremos asumir el riesgo que implica toda relación social. El consentimiento ha de servir para delimitar la violencia, no para salvarnos de todo riesgo. Ni mucho menos para, en nombre de nuestra protección, protegernos del riesgo de nuestros deseos. Solo un Estado totalitario podría decretar la exigencia de que, cada vez que expresemos nuestra voluntad, lo hagamos conociendo nuestro deseo, sin fracturas u opacidades, sin puntos ciegos. Solo un Estado despótico podría decir que, si no consentimos deseando, entonces no sabemos lo que queremos. Defender los límites del consentimiento y, a la vez, su validez es defender que, en efecto, probablemente no siempre sepamos lo que queremos. Pero ¿acaso alguien lo sabe mejor que nosotras?

Índice

Nuevos cuadernos Anagrama